KB236310

미국 CEO 벤치마킹

하 대 홍 지음

한국경제신문

청 춘

Samuel Ullman

청춘이란 인생의 어느 기간을 말하는 것이 아니라
마음의 상태를 말한다.
그것은 장미빛 뺨, 앵두 같은 입술, 하늘거리는 자태가 아니라
강인한 의지, 풍부한 상상력, 불타는 열정을 말한다.

청춘이란 인생의 깊은 샘물에서 오는 신선한 정신, 유약함을 물리
치는 용기,
안이를 뿌리치는 모험심을 의미한다.
때로는 이십의 청년보다 육십이 된 사람에게 청춘이 있다.
나이를 먹는다고 해서 우리가 늙은 것은 아니다.
이상을 잃을 때 비로소 늙는 것이다.

세월은 우리의 주름살을 늘게 하지만,
열정을 가진 마음을 시들게 하지는 못한다.

고뇌, 공포, 실망 때문에 기력이 땅으로 들어갈 때
비로소 마음이 시드는 것이다.

예순 살이든 열여섯 살이든 모든 사람의 가슴 속에는
놀람에 끌리는 마음,
젖먹이 아이와 같은 미지에 대한 끝없는 탐구심,
삶에서 환희를 얻고자 하는 열망이 있는 법이다.

그대와 나의 가슴 속에는
남에게 잘 보이지 않는 그 무엇이 간직되어 있다.
아름다움, 희망, 희연, 용기, 영원의 세계에서 오는 힘,
이 모든 것을 갖고 있는 한
언제까지나 그대는 젊음을 유지한 것이다.

영감이 끊어져
정신이 냉소라는 눈에 파묻히고 비탄이란 얼음에 갇힌 사람은
비록 나이가 스물이라 할지라도 이미 늙은이와 다름없다.
그러나 머리를 드높여 희망이란 파도를 탈 수 있는 한,
그대는 여든일지라도 영원한 청춘의 소유자일 것이다.

추천의 말

이 글을 쓴 이는 현대그룹에 근무할 때 아끼던 부하직원이었다. 나는 수많은 해외 출장과 여러 프로젝트를 수행하는 과정에서 아주 가까이에서 그를 지켜보며 같이 일해왔다.

그는 평소에 업무를 치밀하고 완벽하게 수행하여 가장 유능한 부서장의 일원으로서 중요 업무를 담당하는 핵심 직원이었다. 프로젝트 수행이란 것이 본질적으로 MBO(management by objectives : MBO)의 과정이라고 정의해볼 때, 수많은 해외 프로젝트에서 경험한 목표달성의 관리기법이 기계제품의 제조·판매 경영에도 필요하다는 점을 역설하는 한편, 현재 경영하는 외국인 투자기업을 설립하고 운영할 때에도 본인이 잘 아는 회사인 관계로 강력히 추천한 기억이 있다.

이제 어엿한 중소기업의 최고경영자로서 10여 년의 경험을 토대로, 조그만 책을 준비했다기에 읽어보았다. 그 내용이 진실하고 군더더기 없이 요점이 뚜렷하여 중소기업을 경영하는 분들이 읽어보면 진실로 도움이 되리라 생각이 들었다. 특히 영업부문의 수주, 매출, 수주잔고 등의 그래프 활용과 몇몇 훌륭한 업무실례는 누구에게나 큰 도움이 될 것으로 짐작한다.

　40대 초반까지 대그룹에서 일하며 얻은 경험을 바탕으로 세계적으로 유명한 다국적기업의 한 지역을 담당하여 이론과 실천을 접목하여 이룬 글쓴이의 성취와 그 우수한 경영성과에 축하를 보낸다. 이 책을 여러 기업 경영자가 일독하여 도움 받기를 바라면서 추천한다.

선경건설(주) 대표이사 사장
공학박사 김치상

추천의 말

이 책의 저자는 중·고등학교 때부터 가까운 친구로서 대학은 공대와 상대로 서로 길을 달리했지만, 그 성품과 능력과 성실하게 인생을 살아온 길을 잘 안다고 할 수 있는 사이다.

이제 세상은 세계화(globalization)와 지방화(localization)의 시대를 맞아 모든 기업이 국경 없는 전쟁을 수행하면서, 국제경쟁력 보유 여부에 따라 생존경쟁이 한층 치열해지고 있다. 특히 인터넷의 발전으로 이러한 양상의 속도전은 예측할 수 없으리만큼 더 우리에게 바짝 다가와 있다. 따라서 실력 있고, 국제경쟁력을 갖춘 중소기업의 발전이야말로 우리 국가의 존망과 직결될 만큼 중요한 사안이라 하겠다.

이러한 시기에 평소부터 잘 아는 저자가 중소기업 경영의 경험을 위주로, 우리나라 중소기업계에 조그만 도움이 될 책자를 출간했다. 우리 중소기업이 이 책에 담겨 있는 실천전략을 몸소 행한다면 중소기업의 경영수준이 향상되리란 밝은 생각을 하게 되었다. 실제

경험에서 우러나온 내용을 과장 없이 솔직하게 기록하였기에 이제 껏 나온 여러 서책과는 다른 관점에서 일독을 권한다.

특히 회사 제반 업무를 수익성(financial performance), 성장 (growth) 및 안정(endurance) 위주로 대별하여 제시하는 등 우수 한 경영실례를 회사별로 실정에 맞게 효과적으로 적용함으로써, 좀 더 새로운 아이디어를 실천하려는 경영자들에겐 실질적으로 상당한 도움이 될 것을 믿어 의심치 않는다.

한국경제신문 주필
경제학박사 노성태

지은이의 말

  세상은 바야흐로 벤처, 정보통신, 인터넷 사업, 전자상거래 등으로 떠들썩하다. 또한 다른 쪽에선 펀드 매니지먼트와 국제금융 등이 요즈음 화두인 것같아 보인다. 즉 고전적인 굴뚝산업보다 인터넷이나 벤처 산업이 더 회자되고 있고, 또한 제조업보다 금융업이 그만큼 각광을 받고 있다는 얘기다. 이러한 세계적 흐름과 새로운 지식을 빨리 도입하고 적용해야 한다는 당위성과 금융의 중요성에 대해서는 이론의 여지가 없으나, 기존의 재화의 생산원천인 국제경쟁력을 갖춘 고전적인 기계산업의 제조업이 뒷받침되지 않고서는 모든 게 사상누각이 되지 않을까 생각한다.

  이러한 고민을 하던 중 지난 30여 년 간의 직장생활과 특히 과거 10여 년 간 다국적기업의 한 지역(한국 및 아시아)을 운영해오면서 나름대로의 값진 경험을 기록으로 모아 출판한다면 관심 있는 분들에게 조금이나마 도움이 될 수도 있겠다 싶어 이 글을 쓰게 되었다.

  하도 출판물이 홍수같이 범람하는 시대인지라, 시중의 지가를 올릴 만큼 욕심은 내지 못하더라도, 종이 값이나 제대로 할 수 있을지 주저하며 게으름으로 늦장을 부리다가 이제서야 원고를 마감하게 되었다. 이론서 위주의 내용은 학자나 사계의 대가들이 발간한 우수한 책들이 허다하지만, 실천경험 위주의 그대로를 실제사례 중심으로 다룬 발행물은 드물어 이론서보다는 실천서에 관심 있는 분들에게 도움을 주고 싶은 생각으로 이 글을 썼다.

중소기업을 경영하거나 창업을 계획하면서 다른 회사들의 성공사례에 대한 자료를 구하고자 하는 분, 또한 수출이나 해외에서 기업을 소규모로 운영하면서 외국의 중소규모 다국적기업들의 훌륭한 운영사례를 얻고자 하는 분, 또는 그러한 사례를 참조하여 업무개선을 기획하는 고급관리자들에게 여러 가지 실제 실천 자료들을 제시하고, 벤치마킹 대상을 제시하는 데 이 책의 초점을 맞추고자 한다. 본문을 집필하는 데에는 다음과 같은 기준을 적용했다.

(1) 다국적기업에서는 국가 간의 종합적인 사항을 우선하여 언급했다. 또한 독립기업체의 운영에서는 최고관리자로서 겪게 되는 전략적인 문제와 모든 경영관리에 공통점이 많다고 판단되는 판매·마케팅, 관리회계 등을 중점적으로 기술했다. 그 밖에 기업 운영에 관한 사항, 즉 생산·자재·품질·인사 등은 각 나라, 회사, 제조품종에 따라 공통점보다는 개별성이 더 뚜렷하기 때문에 핵심 요소만 간략히 기술하는 정도로 그쳤다. 이론보다는 실제 실천 사례와 실제로 사용되는 양식 위주로 가감 없이 독자에게 전달하기 위해 노력했다.

(2) 우리글과 영문의 자료 구성관계는 가능한 한 우리글로 씀을 원칙으로 하되, 영문자료에 대해서는 실제 응용의 필요성을 고려했다. 예를 들어, 우리 기업이 해외에 투자를 한다든지, 해외 판매대리점과 계약을 체결하려 할 때 영문으로 된 판매수수료 자료 등이

필요하다든지, 우리말로 번역했을 때 원문으로 직접 확인이 필요한 경우를 고려하여 가능한 한 영문자료가 있는 것은 영문 그대로 수록했다. 이 경우 우리말로 해석하여 이해하는 것은 별로 어려움이 없으리라 생각한다.

누구나 자신의 소중한 인생을 살아오면서 값진 경험을 소유하고 있기 때문에, 사람들은 나름대로의 훌륭한 관행을 보유하고 있으리라 생각한다. 그러나 이 책에 기술된 일부 내용을 참고로 독자 여러분이 알맞은 형태로 활용하고자 할 때, 이 책의 기준과 한계를 대략 기술함으로써 취사선택을 하는 데 도움을 드릴 수 있지 않겠나 판단되어 기록해보기로 한다.

(1) 지난 10여 년 간 기계산업에서 소규모 기계장비의 제조 및 판매업(내수 및 수출 포함)을 운영한 경험을 기준으로 삼았다. 즉 종업원 50여 명 정도, 자본금 20억 원, 연간 매출액 100억 원, 내수와 수출비중이 5 대 5 정도이고, 세후 순이익 10억 원 정도의 운영규모였으며, 지난 10년 간 배당금 53억 원, 기술료 25억 원 정도를 송금했으며 법인세는 21억 원을 납부했다.

(2) 다국적 기업으로서, 규모는 작지만 한정된 분야에서 강한 브랜드 인지도를 보유하며, 국내시장 점유율 60~70%, 전세계 시장점유율 40~50%(미국 : 55%, EU : 35~40%, 아시아 : 40% 정도)의 높은 시장점유율을 가진 제품이면서, 우수한 국제적 관행을 존중하는 회사라고 생각하여도 무방할 것 같다.

(3) 기업의 실소유자가 아니면서도 상당히 독립적인 경영권을 위임받은 형태로 운영했으며, 투명경영을 실천했고 지난 10여 년의 경영성과가 좋은 결과로 나타났다는 점 등이 이 내용을 참조할 만하다는 긍정적인 요소가 될 것이다. 다만, 완전한 독립적 운영이라

기엔 몇 가지 제약사항이 없지 않았다. 첫째, 미국 본사측의 영업전략과 방침에 따라 판매 부분에서의 지역적 제한성과 생산품목의 기종에도 한계가 있었다는 점, 둘째 연구·개발(R&D)에 대한 독자적인 재량권이 상대적으로 제한되었다는 점, 셋째 대부분 외국계 투자회사인 경우라면 공통적인 사항이겠지만 이익잉여금의 처분계획을 종업원 복지에 우리측 요구대로 집행시키는 데 상당한 제약이 있었다는 점 등이 그것이다.

(4) 실제의 자료를 예시함으로써 경영자료를 벤치마킹하려는 분에게 도움을 드리고자 하였다. 그러나 기업체를 10여 년 이상 경영해온 처지에서, 회사 보안과 관계되는 여러 자료의 공개는 상당히 주의를 기울일 수밖에 없었음을 잘 이해해주시리라 믿는다. 따라서 내용을 이해할 수 있는 범위 내에서 수치와 자료를 수정 또는 삭제하여 익명을 기했다는 점을 밝힌다.

따라서 중소규모의 기계산업(자본재 기계장비 및 산업기계류) 제조 및 판매(내수와 수출 포함) 업체를 경영하는 분들에게 가장 밀접한 관계가 있을 것이라고 생각한다. 그리고 경영전략의 수립, 판매 및 영업계획, 해외 판매대리점의 관리 등과 회계관리 등의 좋은 예는 타분야의 경영자들에게도 공통점이 많을 것으로 판단해 샘플 제시를 많이 했다. 생산제품의 종류와 시설과 인원에 따라 적용하는 데 어려움이 있는 생산·자재·품질 부분은 핵심만 간략히 참고로 제시했다.

끝으로 이 책을 쓰면서, 인생의 여러 길목에서 다양한 도움을 주신 모든 분들께 감사드리고 싶다. 특히 적극적이고 긍정적인 사고방식과 실천력, 그리고 추진력을 몸소 보여준 현대그룹의 이경배 님, 합리성과 치밀함과 전문적 지식과 원만성을 가르쳐준 SK 그룹의 김치상 님, 궁극적인 지도력(leadership)은 우의(friendship)에 기준하는 수평적 사고방식이지 결코 상하관계의 수직적 사고방식이 아니라는 것을 평소의 대화와 지원으로 깨우쳐준 미국 NASH사의 쿠보빅 님, 지금껏 한마음으로 협조와 참여를 아끼지 않은 많은 분들께 감사의 뜻을 표하고자 한다.

2000년 11월 5일
하대홍

차례

┤ 제1부 ├
경영철학 및 방향

제2부   영업 및 관리

1

경영철학 및 방향

우선 이 책을 읽는 독자께서 한두 가지라도 훌륭한 실천 사례를 찾아 실제 업무에 접목시킨다면, 필자는 그 소임을 다한 것이라고 믿고 싶다. 그러기 위해서는 각 부문별로 실제 사례에 기초해 상세히 설명하는 것이 바람직할 것이다. 그러나 이러한 방식은 또한 곳곳에서 중복되는 내용이 많을 것으로 사료되어, 비록 총론적인 내용에서의 구체성이 좀 미흡하기는 하겠지만 공통 요소를 한 곳에 모아 전체로 기술하고 각 부문은 간략히 설명하고자 한다.

경영자란 사람을 잘 조직하여 이익을 최대한 창출해내는 영리단체의 리더다. 따라서 리더로서의 자세, 사람과의 대화, 조직과 수익성, 그리고 관리기법 등의 주제를 핵심적으로 언급해야 할 것이다.

이러한 주제는 리더론, 조직론, 대화론 등과 밀접한 관계를 맺고 있다. 이와 같은 내용을 비전문가인 필자가 다루기엔 두려움이 앞서지만, 중소기업가의 입장에서 실천적인 몇 가지 핵심요소만 기술해본다는 모험적인 시도로서 나름대로의 관점을 정리해보고자 한다.

1

사장으로서의 자세와 덕목

어느 조직에서나 중요한 성공의 핵심 요소는 훌륭한 지도자를 갖는 것이 아닐까? 특히 중소기업체의 조직 구성을 분석해볼 때 최고경영자가 바로 그 기업의 모든 것을 총체적으로 대표하는 성격이 다른 조직에 비해 더욱 뚜렷하다. 이런 취지에서 사장의 자세와 마음가짐이 회사의 흥망과 직결된다고 말할 수 있을 것 같다. 중소기업의 사장이란 어떤 사람이어야 하는가? 필자는 「실천하는 사람」이라는 말에 중점을 두고 싶다. 실천하는 사람이되 유망한 업종에, 올바른 생각으로, 열정과 집중력을 갖고 실천해야 한다고 말하고 싶다.

유망한 업종의 선택

일차적으로 생각해야 할 것은 기업의 유망성 검토다.

오래 전부터 계속해온 사업종목이라는 이유로 가능성이 희박한 사양업종을 고생하며 운영하면서도 애쓴 만큼의 경영성과를 얻지

못하는 기업가를 우리는 주위에서 자주 보았을 것이다. 즉 예전에
는 그런 대로 유지되던 사업이었지만 이제는 시장 여건이 달라져
힘들기가 그지없고, 그렇다고 그만둘 수도 없어 할 수 없이 명맥을
유지하며 그날 그날 버텨나가는 것이다. 성장가능성이 보이지 않는
다는 판단이 들어 업종다양화와 점진적인 업종전환을 통해 유망업
종으로 탈바꿈하는 방법도 가능하겠느나, 처음부터 창업하는 경우
에는 유망한 업종을 선정하는 것이 무엇보다도 중요하다.

유망한 업종·업태란 다음과 같다.

① 시장이 풍부한 품목(즉 과다투자로 투자가 정지되거나 줄어들
   지 않는 시장)

② 현재는 물론이거니와 최소한 향후 3~5년 간의 중기적인 면에
   서, 또는 조금 더 욕심을 내자면 10여 년 동안 인건비, 자재비
   와 기술력에서 국내는 물론이거니와 국제적 가격 경쟁력을 가
   질 수 있는 제품

③ 대기업의 지배를 벗어날 수 있는 상품

특히 강조하고 싶은 사항으로서 국제경쟁력과 관련하여 생각해보
면, 경영자는 어느 정도의 예견력을 갖추는 것이 필수조건이 아닐
까 싶다.

이제 기업에게는 국가 간의 장벽과 보호막도 사라졌다. 더욱이 앞
으로의 전자상거래 시대에는 소규모 기업이라 할지라도 국제시장에
서의 경쟁이란 점을 생각지 않고서는 안팎의 위협에서 존속하기가
어렵다. 한국경제는 IMF를 겪으면서 사양산업이 많이 도태되고 국
제경쟁력을 회복하기 위한 노력을 계속해오고 있지만, 아직도 관습
이나 행동은 예전대로 성장경제에 익숙해 있어 변화의 물결을 헤쳐
나가기에는 어려움이 많은 듯하다. 저임금·저기술집약성 위주로

경영되어온 우리 중소기업도 최근 들어서는 생산경쟁력을 찾아 해외 저임금 국가로 생산기지를 전환하는 사례를 주위에서 자주 볼 수 있다. 이러한 생산경쟁력과 시장수요에 따라 생산기지를 이전함으로써 생기는 생산기지 공동화 현상은 앞으로도 더욱 빨라질 것이다.

따라서 국제적인 불경기 사이클이라든지, 자사 동종 제품이 국제시장에서 누리는 시장점유율, 원가 및 가격경쟁 자료, 국제경제의 흐름이 기업에 미칠 영향, 자사 제품의 인건비, 자재비의 국제경쟁력 자료와 변화 추세 및 경향에 대한 분석, 수익성, 제품의 라이프 사이클 등에 대한 예견은 이제 전략경영에서 최고경영자가 반드시 이해해야 할 기본 사항이 되었다.

아울러 중장기 계획을 수립하고, 탄력적이고 임기응변적 경영체제를 유지해나가면서 겪게 되는 인재 부족이 중소기업의 취약점으로 지적되고는 했다. 이렇듯 어려운 여건 속에서도 핵심부문은 비교적 우수한 인재를 배치하는 등, 최선이 아니더라도 차선의 적절한 조처를 취하여 효과적인 경영을 하려면 사장의 예견력은 중요하다고 할 수 있다.

방심은 금물

기존 사업을 영위하고 있는 중소기업의 사장에게서 종종 보게 되는 경우이지만, 현재 상태를 이루기까지 오랜 기간 너무 고통스러운 세월을 보낸 결과 지친 상태에서 이제는 어느 정도 되었다고 안주하는 사고방식에 대해 언급하고자 한다.

중소기업의 창업자가 자주 범하게 되는 경우지만, 어느 정도까지 정상궤도에 올랐으니 이제는 좀 편하게 신경을 덜 쓰면서, 누군가

에게 상당 부분을 맡겨버리고 홀가분하게 인생을 보내고 싶은 타성
에 젖어들게 된다. 그러나 대부분의 경우, 그 업무를 맡은 직원은
사장이 맡긴 책무를 완벽히 수행할 수도 없거니와 중대한 실수를
범할 수도 있다. 기업경영은 살아 있는 생명체와도 같은 것이어서,
아무리 안정적이고 정상적인 궤도에 진입한 기업이라 할지라도, 그
것은 내적 성취일 뿐 외적으로는 시장여건이 급변하고 경쟁요소와
고객의 기호도 변하는 등 변화를 요구하는 물결은 시간과 장소를
불문하고 곳곳에 엄존한다. 따라서 제품이 이러한 변화의 속도에
부응하여 따라가지 못하는 순간에 이미 그 기업은 낙오하기 시작
한다.

　지속적인 개혁과 재창조의 혁신과정으로 탈바꿈해야만 그 기업은
영속할 수 있다. 필자는 다국적기업에서 지난 10여 년 간 이러한 개
혁의 과정을 지켜보았다. 이들 다국적기업은 끊임없는 혁신을 통해
새로운 제품을 개발하려는 노력을 기울이고 있다.

　이제 웬만큼 되었으니 안심해도 되겠다는 안도의 한숨을 내쉬는
순간, 그리고 창업의 고통에 비견할 만큼의 끊임없는 변화와 개혁
에 대한 노력을 멈추는 순간부터 이미 그 기업은 쇠퇴기로 접어드
는 것이다.

　자수성가형 기업가로서 오랜 시간 경영일선에 몸담은 분들 중에
이제 어느 정도 궤도에 올라섰다고 생각하시는 분(자만방심형), 오
랜 기간 최고경영자로서 일해온 분으로서 지친 단계에 이르렀다거
나(열정의 결여형), 이제 막 사업을 시작하였으나 너무 바쁘고 시간
에 쫓겨 대부분의 업무를 건성으로 듣고 지나치기 쉬운 분(집중력
결여형)들이 범하기 쉬운 잘못은 직원들의 보고나 문제제기를 피상
적으로 듣고 지나친다는 것이다.

　아무리 사소한 문제라 하더라도 얼마나 깊이 있게, 열정을 갖고

대처하느냐에 따라서 결과는 달라질 것이다. 집중력과 열정이 결여된 의사결정은 일시적으로는 그럴 듯해보일는지 몰라도 실제로는 임시방편적인 해결책으로서 겉도는 의사결정으로 내려진 경우가 많은 것이 일반적이기 때문이다. 또한 이러한 경우에는 대부분 의사결정 후에 확인 절차를 잊는 경우가 많기 때문에, 업무지시도 바르게 전달되지 않는다. 더욱이 이와 같은 업무지시는 제대로 시행되지 않을뿐더러 일종의 관행으로 굳어진다.

문제를 해결하는 경영자의 자세와 능력은 일에 대한 애정과 집중력에 달려 있다.

실천 없이는 아무것도 이루어지지 않는다

기업경영은 행동과 실천이다. 행동과 실천이되 사전 계획이 있는 실천이고, 실천 후 계획과 결과를 반드시 확인하는 실천이다. 계획이 없거나, 확인이 없는 것은 기업 실천이 아니다.

모든 인생살이가 공통적으로 그러하겠지만, 특히 기업경영이란 실천과 추진력이 핵심요소라 말하고 싶다.

「해볼까 말까? 해보면 좋을 것 같은데…. 자신도 없고 귀찮으니까 좀더 뒤에 생각해보고 결정하지 뭘…」 하는 식으로 미루거나 생각만 하다가 실행으로 옮기지 못하고, 한참 시간이 흐른 뒤에야 후회하는 경우를 우리는 많이 경험하였을 것이다.

어떤 주제가 생각났을 때, 뒤로 미루지 말고 심사숙고한 후에 곧바로 실천하는 자세가 가장 중요하다. 실천 없는 결과를 기대할 수는 없다. 모든 것은 실천해야만 그에 상응하는 결과가 나오게 마련이다. 혹시 나쁜 결과가 예측될 때에는 좋게 바꾸려는 노력을 쏟게 되고, 최선은 아니라 해도 차선의 해결책을 마련할 수 있기 때문이다.

생각에만 머물러서는 그 무엇도 성취할 수가 없다. 천사불여일행(千思不如一行)이라, 일을 저질러놓고 보는 심정으로라도 실천해야만 그 값어치가 있다 할 것이다.

그럼 실천이란 무엇인가? 행하기만 한다고 다 실천은 아니다.

모든 실천에는 계획이 있어야 한다. 계획은 실천의 주체와 대상, 시기, 방법 등을 구체적으로 담고 있어야 한다. 목표달성 여부를 측정할 수 있는(measurable) 기준이 계획단계부터 마련되어 있어야 한다.

즉 이러한 5W1H의 구체성과 성과 판정의 기준이 포함되지 않는 것은 계획이 아니며, 이러한 계획이 없는 실천은 또한 참 실천이 아닌 것이다.

이러한 실천의 단계로서 강조하고 싶은 또 한 가지 요소는 확인과정이다. 확인은 성과수행 여부의 검증이라는 측면에서도 중요하지만, 그보다 더 중요한 의미는 수행된 성과를 기반으로 그 다음 단계의 실천을 향한 또 다른 중간시작점이라는 것이다. 인생이나 경영은 한 번 실천으로 끝나는 것이 아니다. 오히려 끊임없는 실천의 반복과정이다. 따라서 확인하지 않는다는 것은 그 다음 단계의 실천 시작점을 상실한다는 것과 같다.

확인과정을 거치지 않는 실천은 해도와 나침반도 없이 망망대해를 향해 나아가는 것과 같다.

올바른 실천은 바른 정신에서 나온다

실천하되, 또한 바르게 행하여야 할 것이다.

혼자만의 입장에서 사고하지 않고, 왜곡되지 않은 보편성에 입각한 옳은 사고방식이 결국은 기업에도 궁극적으로 도움이 된다. 기업경영을 하다 보면 경영인의 바른 마음을 유혹하는 여러 가지 어려움에 부딪히게 된다. 사업자금을 비롯해 인재, 시간, 제품 아이디어 등 대기업에 비해 부족한 것이 하나둘이 아니다. 경쟁은 더욱 심해지고, 수익성은 저하된다. 그러나 이러한 상황을 임시방편으로 때우고 나가는 방식으로는 항상 문제가 생기고, 그것을 막는 데는 처음보다 몇 배의 비용이 더 들게 마련이다. 아무리 어렵더라도 처음부터 올바르고 장기적인 관점에서 대처하는 것이 궁극적으로는 이익이 된다는 얘기다.

 대 고객·주주·종업원 관계에서 바른 생각으로 기본적으로 지켜야 할 사항을 일관성 있게 고수하는 자세가 중요하다. 즉 고객을 만족시키고, 주주에게 투명한 경영자료를 공개하고, 종업원에게 근무하기 편안한 환경을 제공해야 한다. 기본에 충실한 경영이 일시적인 편의 경영보다도 궁극적인 면에서 이익이라는 얘기다. 왜냐하면 일시적이고 가식적인 행위는 계속될 수가 없고, 초기의 어려운 시기를 견뎌낸 후에 어느 정도 여건이 좋아지면 바로잡겠다고 하더라도 그 비용은 초기에 비해 훨씬 더 드는 것은 말할 것도 없다.(An ounce of prevention is better than a pound of cure.) 무엇보다도 큰 손실은 언행불일치로 인한 종업원의 신뢰가 무너지고, 기업경영자 자신의 신념에 악영향을 미치게 된다는 것이다.

 최근 정도경영, 고객만족, 무차입경영 등의 구호가 새삼스럽게 다가온다. 그러나 이러한 슬로건은 실제로 알고 보면 너무도 당연한 것이다. 여태껏 우리나라의 기업들이 비정상적으로 운영되어온 사실을 단적으로 말해주는 사례라고 생각한다.

2

모든 것은 사람 —— 대화의 중요성

기업을 움직이는 가장 중요한 요소는 결국 사람이다. 따라서 기업에 참여하는 인적 주체, 즉 고객, 주주, 종업원 간의 인간관계를 원활히 하기 위한 대화의 중요성이야말로 아무리 강조해도 지나침이 없다 하겠다.

고객과의 대화

영업부문 직원들은 주로 고객과 최전선에서 부딪혀가면서 업무를 수행한다. 사장으로선 대 고객과의 관계가 잘 이루어지고 있는지 직접적으로 파악하는 것이 쉽지 않다. 따라서 고객응대 자세와 고객만족 여부를 기록·측정하는 사내 규정을 마련할 필요가 있다. 그리고 그러한 업무 매뉴얼에 대해 상당한 우선순위를 부여한다는 것을 종업원들이 느낄 수 있도록 부각시켜야 한다. 이를 통해 고객의 불만사항을 개선으로 연결시키는 관리체제가 확립되어 있어야만

할 것이다.

특히 가격과 품질의 요소는 그대로 판매실적과 연결되어 회사의 사활을 좌우하기 때문에 여러 가지 경로를 통해 반영되게 마련이다. 그리고 고객으로부터의 통신에 대한 즉답성(responsiveness), 즉 고객이 전화나 서신으로 연락하면 회사 내의 담당자에게 바로 전달이 되고 그 후 즉시 행동에 옮기는 자세가 중요하다. 또한 견적 요구에서부터, 계약, 납품, 그리고 애프터서비스에 이르기까지 고객만족을 위한 일관된 노력이 회사 이미지 형성에 미치는 영향력은 매우 크다. 따라서 회사의 사활을 좌우하는 이러한 업무 하나하나는 철저히 관리되어야 한다.

이것이 잘 되는 기업은 날로 번창한다는 것을 의심하는 사람은 없으면서도, 그에 상응하는 관리체계에 힘을 쏟는 경우는 그렇게 많아 보이지 않는다.

다만 우리나라의 현실에서는 부정적인 요소가 많다. 즉 고객측에서 소프트웨어적인 비용을 경시하여 지나치게 무료봉사를 요구하는 예도 있다. 그리고 대기업이나 공기업 부문의 예산의 경직성 등으로 인해 중소기업체와의 거래 관계에 불평등한 측면이 있다. 공평한 기회(equal opportunity)란 점에서 대등하고 합리적인 원가 상호부담의 원칙이 지켜지기보다는, 일방적으로 강요당하는 형태가 흔하다. 이에 따라 그러한 필요성을 잘 인식하고 있으면서도 생각대로 집행하기가 어려운 여건이 존재하기는 하지만, 소홀히 할 수 없는 요소라 말할 수 있다.

이러한 고객과의 대화를 위주로 고객만족도를 측정하기 위해 사용했던 사례를 〈자료 13-10〉에 기밀요소를 제외한 형태로 첨부했다.

주주와의 대화

우리 현실에서 보건대, 외국 회사와 비교할 때 주주와의 대화는 가장 소홀히 취급되어온 것이 사실이다. 요즘 들어서야 IR(investor relations)활동, 즉 투자자들에 대한 기업설명 등이 일부 대기업에서 강조되고 있으나, 중소기업체에서는 회사경영자가 곧 대주주인 관계로 그 필요성을 별로 심각하게 받아들이지 못하는 것 같다. 그러나 외국과의 합작회사라든지, 몇몇 주주가 투자한 경우에는 이 점에도 각별히 신경 써야 한다. 주주총회에서 배포되는 일반자료는 그 양이 방대하고, 또한 다른 곳에서도 자료를 구할 수 있으리라 믿고, 더 이상의 기술은 생략하기로 한다.

종업원과의 대화

특히 중소업체에서는 조직 전체의 힘보다는 몇몇 핵심 실무자(key staff)들이 회사를 움직여가는 특성이 강하다. 따라서 평소에 종업원들과의 솔직한 대화가 회사의 원활한 운영을 위해 상대적으로 더 강조되어야 할 요소라고 하는 것은 이론의 여지가 없을 것으로 믿는다.

대화의 수단은 다양하다. 정기적으로 갖는 모임이나 조회시간을 통해 회사의 기본적인 경영상황이나 실적, 경영방침, 경영목표 등을 전할 수도 있다. 또한 회의 등을 통해 일부 한정된 계층이지만 지속적인 설명과 설득을 시도할 수도 있을 것이다. 그리고 사외활동 모임(등산반, 독서반 등), 사내 전자우편 등을 통해서도 상당한 효과를 거둘 수 있을 것이다.

이 모든 대화에서 무엇보다도 중요한 기본 마음가짐은 애정이다.

형식이 아니라 진심에서 우러난 관심을 표명하고, 칭찬하고 베푸는 마음가짐을 가져야 한다. 그리고 경영자의 정직성과 투명성으로 뒷받침되어야 종업원들의 신뢰를 축적해갈 수 있을 것이다.

> • 우리 회사에는 계획적이고 효과적인 대화의 수행을 기술해놓은 회사 규정이 있는가?
> • 그 규정에는 측정방법이 명기되어 있는가?

3

비전, 목표, 목적의 설정

　기업경영의 1차적인 목적이 이익의 창출이란 점에는 의문의 여지가 없을 것이다. 이익을 최대로 창출하기 위한 관리 측면은 매우 중요하다. 그에 앞서 이익을 창출해나가는 도중에도, 전직원의 뜻을 한 곳으로 집중시키기 위해, 또는 경영자 자신의 일관성 있는 경영방침을 스스로 다짐하는 취지에서 회사의 비전, 목표, 목적, 각종 제도 등을 정립해야겠다는 생각을 종종 갖게 될 것이다.

　이러한 자세는 창업자나 경영자의 인생철학이 담긴 문제로서 각각의 경우가 다를 것이다. 따라서 여기에서는 간략한 예만 제시하고자 한다(다음에 예시하는 내용은 실제 사례이기 때문에 개별 사정을 고려해야 한다).

조직 전체

1. Vision
   - Totally customer driven.
     (be responsive to customer needs)
   - Owns its chosen markets.
     (be the leading supplier to selective worldwide markets)
   - Has enthusiastic, empowered, achieving employees.
   - Has enthusiastic, optimistic, well-rewarded shareholders.

2. Objectives
   - Sales of $ ××× million by 1996, with $ ×million in after
     tax profits and ROE of × × %…(return on equity)
   - SG&A expenses not to exceed 30% of sales by 1997.
     (selling, general & administration)
   - Total asset turns to be equal to or greater than × by 1996.

3. Strategies
   - Become the low cost supplier.
     i) Become the low cost manufacturer.
     ii) Reorganize by the type of business.
     iii) Streamline selling organization and reduce expense.
     iv) Reduce number of entities, streamline administrative
         processes, reduce G&A expense.
     v) Divest losers.
   - For next 3 years
     i) Flow resulting cash into strengthening.
        Balance sheet rather than growth.

4. Action plan ... (생략)

한국 회사의 운영 면에서 강조한 사항

1. 경영 이념
   - 고객만족(품질과 서비스로서) : 측정기준 있음
   - 종업원만족(복지와 개인 성취로서) : 측정기준 있음
   - 주주만족(이익률과 시장점유율 향상으로서)
2. 경영 방향
   - 안전제일 : 측정기준 있음
   - 환경위주 : 측정기준 있음
   - 개인성취 : 측정기준 있음
3. 경영목표와 기본방침은 해마다 주변환경과 회사사정에 따라 달리하였기 때문에 생략하기로 한다.

고객 · 주주 · 종업원과의 조화로운 만족을 위한 관계설정

앞에서도 강조했지만, 특히 기업경영과 관계되는 인적 요소의 3대 주체인 고객 · 주주 · 종업원의 조화로운 만족도 설정을 면밀히 검토하는 것은 기업 장기발전의 원동력이다.

〈표 3-1〉과 같은 요소를 숙고하면서 나름대로의 실천계획을 구체화하여 집행하도록 배려했다.

<표 3-1> 인적 요소에 따른 고려요소

고려 요소 / 인적 요소	비 전	이익의 분배	경영의 투명성	대 화
고 객	시장수요 영업개발	가격	품질	응신의 즉답성
주 주	R&D 시장개발	배당	투명성	주주통신문
종업원	자기성취 혁신	복지 및 급여	품질 근무환경	수평적 사고

4

경영이란 어떻게 하는 것인가

어떻게 하면 이익을 최대한 창출해낼 것인가? 이 물음에는 각자가 처한 환경에 따라서 여러 가지 요소를 고려할 수 있으리라는 생각이 든다.

우선 처음부터 창업하려는 경영자라면, 수익성과 국제경쟁력이 높은 사업종목을 선정해야 같은 노력을 들이고도 더 풍성한 과실을 수확할 수 있을 것이나, 또한 자신이 잘 아는 전문 분야를 선택해야 한다는 반론도 만만치 않다.

이미 창업하여 수성하는 기업가의 처지에서는 단기·장기의 사업 전망에 따른 조직화와 경영관리기법 등을 조화롭게 운영해나가는 것이 중요하다. 한 마디로 자기가 처한 현재 입장에서 가장 유효한 요소를 중점적으로 고려해야 한다는 것이다.

이런 취지에서 볼 때 적극적인 의미에서의 최대이익 창출에 노력을 기울여야 한다. 그러나 그 변수가 여러 가지이고 종합적이라서 기술하기가 쉽지는 않다. 관리기법과 경영의 요소 및 경영관리 요소를 어떻게 조직화하여 운영할 것인가가 핵심이다. 여기에서는 이와 같은 내용을 보편적으로 기술해보고자 한다(이익창출에 대한 이해는 제6장에서 좀더 상세하게 언급하기로 한다).

누구나 잘 알면서도 지속적인 실천이 어려운 것이 기업경영인 듯하다.

기업 경영에 대해 정의하면 다음과 같다.

1. 무엇이 현시점에서 자신에게 가장 필요하고 중요한 일이란 걸 알아내어
2. 어떤 사람에게 그 일을 분배하고 책임을 부여해 수행토록 계획하고
3. 수행한 일을 검토하고 측정하며
4. 수행 정도의 기여도에 따른 보상을 차등을 두어 지급하고
5. 이러한 과정이 정체되지 않고 자발적으로 지속되도록 하는 것

이 중에서도 특히 계획과 성과측정을 강조하고 싶다. 그 실제사례를 예시함으로써, 구체적이고 상세한 전개과정을 살펴보고자 한다.

문제의 인식

(1) 경영은 결국 현재 시점에서 자기에게 가장 필요한 점, 또는 최우선적으로 보강해야 할 취약점을 파악하는 일부터 시작해야 할 것이다.

예를 들어 수주확대, 신시장개발, 신제품개발, 품질향상, 생산성 향상, 납기준수, 판매가격의 인하, 수익성 증대, 현금흐름의 개선 등 다양한 문제의 인식에서부터 그 시발점을 찾아야 할 것이다.

(2) 이러한 단계에서 한 가지 주의할 것이 있다. 문제의 인식을 막연한 감이나 추측에 의거하여 도출해서는 안 된다는 것이다. 앞에서 강조한 열정과 집중력을 통해 근원을 파악해 심도 있게 분석해내기 위한 규정된 절차와 양식을 마련하는 것이 아주 중요하다는 것이다.

실제로 문제점의 인식을 얼마나 깊이 있게 분석과 자료로 뽑아내느냐가 중요하다. 왜냐하면 그 다음의 계획 단계에서 얼마나 더 본질적인 주제를 구체적이고 상세하게 전개시킬 수 있느냐로 연관되어 정해지기 때문이다.

(3) 그런 의미에서 회사 이익발생의 원천을 분석해보는 것은 무엇보다도 중요하다고 생각한다. 즉 우리 회사의 경우에는 매출총이익(gross income)이나 영업이익(operating income)이 근본적으로 어디에서 나오는지 살펴봐야 한다는 것이다.

- 제조인가, 판매인가?
- 제조라면 A제품인가 B제품인가?
- A제품이라면 생산인가, 기술인가, 자재부문인가?
- 생산이라면 가공인가, 조립인가?
- 가공이라면 인력의 단가인가, 효율성인가, 가공장비인가?

이와 같은 방식으로 계속 분석함으로써 그에 대한 모든 수치자료를 분석해야 한다. 이를 통해 진정한 의미의 문제점을 인식할 수 있기 때문이다(영업 및 판매의 항에서 좀더 상세하게 다룰 예정이니 참조 바람).

계획단계

문제점을 인식한 후에는 실천계획(action plan)을 세운다. 5W1H에 입각하여 계획을 세우되 경영자나 관리자의 감독하에 어떤 일을, 어느 직원(또는 팀)에게, 어떻게 하도록, 언제까지 등이 포함되는 상세한 실행계획을 준비해야 할 것이다.

앞에서 이미 언급했듯이, 계획 없이는 아무것도 얻을 수 없다. 예를 들어, 업무 수행을 제대로 완수하지 못한 부하직원을 질책하는 경우를 생각해보자. 업무달성도의 기준이 명확하지 않은 계획을 세워놓고, 즉 전례에 따라 추상적인 업무지시를 해놓고서 실적이 목표를 미달하였다고 따진다면 그 부하직원은 동의하지 않을 것이다.

이러한 계획은 의욕만 앞세운 막연한 계획이 되어서는 안 된다. SWOT 분석을 하고 전략을 수립한 후에 그에 입각한 실천계획을 세우는 등 모든 계획에는 목표 달성 여부의 측정 방안까지 세밀하게 준비되어 있어야 계획으로서 그 효과가 있을 것이다. 이에 대한 실례로 〈자료 4-1〉과 〈자료 4-2〉를 참조하기 바란다(여기에서 사용한 SWOT란 용어는 strong, weak, opportunity, threat을 의미한다).

실천계획 사례로서 A, B 두 가지 유형을 예시했다.

A형은 목적(goal)을 선정하고, 그에 따라 목표(objectives)를 순위에 따라 정하고, 각종 실행방안(initiatives)을 기술함으로써 계획의

측정방안과 측정시점을 미리 규정하여 운영하는 형태다.

B형은 우선순위를 정해놓고 그에 따른 목표를 정한 후 각종 추진방안을 기술한 후, 측정방안과 측정시기, 측정 후 목표달성도를 색채로 표시해서 시각적으로 드러내기 위한 난이 표시되어 있다. 여기에서 녹색은 목표달성을 의미하며, 노란색은 주의를 요한다는 성과표시이며, 빨간색은 경각심을 갖도록 요구하는 상호합의다.

이러한 양식과 그 내용을 잘 살펴보아 어느 정도 철저하게 계획단계에서 구체화시키고 측정방안까지 고려하고 있는지를 느낄 수 있어야 한다(내부적인 전문용어나 약어가 있어 이해하기 어려운 점도 있으나, 이해에 꼭 필요한 몇 가지 용어에 대해서는 12장의 용어설명 참고).

반면에 이러한 사실을 잘 알면서도 너무 바쁘다는 핑계로 또는 대수롭지 않은 생각으로 지나가는 듯한 추상적인 업무지시를 하게 된다면 무슨 목표와 목적에서, 어떤 업무를 누구에게 할당시켰고, 언제까지 어느 만큼 수행되도록 하였는지 중간중간에 평가하고 측정하기란 불가능하다.

경영이 잘 되지 않는 중소업체의 경우를 살펴보면, 이러한 계획단계를 잘 지키지 않는 경우를 흔히 볼 수 있다. 계획을 세웠다 하더라도 초기에만 조금 신경을 쓸 뿐, 힘들여 한번 세운 계획이어서인지 그 다음에 그와 같은 일을 할 때에는 새로운 계획을 정확히 세우지 않고 대충 과거의 계획과 같이 진행한다는 식의 집행을 하는 것을 보게 되는데 이것은 금물이다.

A型

XYZ TOP THREE OBJECTIVES/INITIATIVES

ENTITY 'S GOALS

1)Achieve Bookings $4640K   2)Achieve Sales $4050K   3) Gross contribution $1313K or 32%

A MARKET - Major Initiatives / Objectives

1)Improve working capital management
2)Achieve contribution plan
3)Achieve sales plan

Initiatives to achieve regional goals and objectives

Financial Focus

Objective No1 : Improve working capital management

A) Deduce inventory / increase turns   Measurement 3.0 turn/yr
B) Reduce A/R   MeasurementDSO 50days
C) Cash Flow Management   Measurement 6 mths operating cash balance

Industry Focus

Objective No2 : Achieve contribution plan

A) Sourcing options for non XY items   Measurement : Seek 10% or more reduction
B) Timely package completion and delivery Measurement : Reduce late penalty to 2% or less
C) Engineered Systems Costing Errors   Measurement : Costing errors kept at 5% or less.

Objective No3 : Achieve sales plan

A) XYZ Business Unit - X Industry
Continue with solution sales and promote water removal accessories
Timing : Thru out 2000

B) XYZ Business Unit - Y Industry
Continue with new stocking distributors appointments and management - Indonesia/Thailand
Timing : Thailand : 4QTR99-Thai, 1 QTR2000 Indon   Measurement : Meet $Bookings/Sales

C) XYZ Business Unit - Z Industry
Develop growth sites ie Taiwan and India thru localization
Timing : 4QTR99/2000   Measurement : Achieve $1M in Bookings / $700K Sales

B型

X Y Z
1999 Objectives

Confidential

REV. : 0
DATE : NOV. 06, 1998
98A MEANS
98 OCTOBER FORECAST

Name :	Supervisor :
Job Title :	Date : NOV.09,1998

Objective	Initiatives	Measures			Timing	Status (G/Y/R)				Remarks
			Q1	Q2	Q3	Q4	
Priority # 1 : FINANCIAL PERFORMANCE										
			98A	99P						
1. ACHIEVE SALES PLAN	A. MEET SALES & BOOKING TARGET	SALES	U$6.4M	U$6.8M	FY					@ 1,300 / U$
		BOOKING	U$6.0M	U$5.7M						(S & M DEP'T)
	B. STRENGHEN MARKETING ACTIVITY IN S/R & PARTS BUSINESS.	BOOKING S/R	U$108K	U$162K	FY					(S & M DEP'T)
		PART	U$153K	U$169K						
2. ACHIEVE PROFIT PLAN	A. PROFIT TARGET	OP.INCOME	$945K	$888K	FY					SUCCESSFUL 98 OP.INCOME IS ATTRIBUTED ₩ EXCH. RATE EXTRAORDINARY (FINANCE DEP'T)
	B. REDUCE SELLING EXPENSE BY STAFFING REDUCTION	NO. OF STAFF	10	8	FY					(S & M DEP'T)
	C. REDUCE PURCHASING COST	%	3%	3%	FY					(MATRIAL DEP'T)
	D. DECREASE FACTORY CONSUMABLE SUPPLIES		−10%	U$4,600	FY					(PRODUCTION DEP'T)

X Y Z
1999 Objectives

Name :	Supervisor :
Job Title :	Date : NOV.9,1998

Objective	Initiatives	Measures			Timing	Status (G/Y/R)				Remarks
						Q1	Q2	Q3	Q4	
Priority # 1 : FINANCIAL PERFORMANCE										
			98A	99P						
3. IMPROVE WORKING CAPITAL MANAGEMENT	A. INCREASE INVENTORY TURNS	#	3.8	6.0	QTR.					MATERIAL DEP'T
	B. REDUCE A/R	DSO.	64	46	MONTHLY					FINANCE
		DCSO	59	51						
	C. IMPROVE CASH MANAGEMENT TO MAXIMIZE USD EQUIVALENT.	% USD OF TTL CURRENCY	80%	80%	QTR					FINANCE
	D. INCREASE INTEREST INCOME.		U$124K	U$55K	QTR					FINANCE
	E. INCREASE PROFITABILITY	ROCI.	46%	56%	MONTHLY					FINANCE
	F. DECREASE AGED AND INSOLVENCY	0.4% OF SALES			QTR					FINANCE

자료 4-2

Confidential

X Y Z
1999 Objectives

Name :	Supervisor :
Job Title :	Date : NOV.9,1998

Objective	Initiatives	Measures		Timing	Status (G/Y/R)				Remarks
					Q1	Q2	Q3	Q4	
Priority # 2 : GROWTH									
1. INCREASE NASH SHARE	A. INCREASE PROCESS, S/R BOOKING +50%	98A U$108K	99P U$161K	QTR.					SALES DEP'T
	B. INTRODUCE	# DRUMS 0	20 DRUMS	QTR					SALES DEP'T
	V C. DEVELOPE REGIONAL DIST. IN S/R AND PART BUSINESS	# DISTRIBUTOR 0	+3	QTR					SALES DEP'T
	V D. DEVELOPE OEM SUPPLIERS	2	4	QTR					SALES DEP'T
2. IMPROVE PURCHASING COST.	A. VENDOR DEVELOPMENT	3 MORE ITEMS		QTR					MATERIAL DEP'T
	B. EXPLOIT LOW COST MFR.	3 MORE ITEMS		QTR					MATERIAL DEP'T
3. IMPROVE ENG & PRODUCTION CAPABILITY	A. IMPROVE PKG CAPABILITY	TWO NEW PKG DESIGN/YEAR		FY					SALES & ENG'G
	B. IMPROVE PRODUCTION EFFICIENCY	M/C 98A 103% ASSY 106%	99P 103% 103%	MONTHLY					PRODUCTION DEP'T
	C. KAIZEN PROCESS.	4 EVENT / YEAR		QTR					PRODUCTION DEP'T

X Y Z
1999 Objectives

Name :	Supervisor :
Job Title :	Date : NOV.9,1998

Objective	Initiatives	Measures	Timing	Status (G/Y/R)				Remarks
				Q1	Q2	Q3	Q4	
Priority # 3 : ENDURANCE								
1. IMPROVE SALES MANAGEMENT	A. COLLECT COMPETITOR DATA	ONE REMARKBLE REPORT / QTR	QTR					
	B. MAIL S/R LETTER TO INDUCE ANNUAL MAINTERANCE CONTRACT	10 LETTERS / 6 MONTH.	FY					
	C. IMPROVE QUALITY OF DISTRIBUTOR /REP. BY EVALUATION SYSTEM	QUARTERLY NOTICE TO DIST / REP.	QTR					
	D. CUSTOMER SUPPORT MAIL & COLLECT CUSTOMER RESPONSIVENESS QUESTIONNAIRES	ONCE PER YEAR	FY					
	E. MMM SURVEY REPORT	ONE REPORT / QTR	QTR					
2. RAISE XY PROFILE IN DOMESTICE CLIENTS	A. ONE XY INTRODUCTION ARTICLE ON LOCAL JOURAL	POWER 2Q P/P 3Q PROCESS 4Q	FY					
	B. WRITE ONE SUCCESSFUL PRODUCT APPLICATION EXAMPLE ON LOCAL JOURNAL	ENG. DEP'T: ONE ARTICLE / YEAR PRODUCTION DEP'T: ONE ARTICLE/YEAR	FY					

자료 4-2

Confidential

X Y Z
1999 Objectives

Name :	Supervisor :
Job Title :	Date : NOV.9,1998

Objective	Initiatives	Measures		Timing	Status (G/Y/R)				Remarks
					Q1	Q2	Q3	Q4	
Priority # 3 : ENDURANCE									
3. IMPROVE PRODUCT QUALITY & EMPLOYEE CAPABILITY	A. KEEP ISO STANDARDS	# OF REQ'D MAJOR CORECTIONS TO BE ZERO(0) IN 1999.		FY					
	B. IMPROVE INTERNAL QUALITY	REJECT RATIO (CASTING)	98P 6% 99P 3%	QTR					
	C. IMPROVE TRAINING & EDUCATION	HRS / EMPLOYEE	15HRS / MAN.YR.	FY					
	D. IMPROVE/MEET SHIPPING PERFORMANCE	TPMTP.	SHIPPING 100%	QTR					
4. IMPROVE PRODUCTION CONTROL AND MANAGEMENT	A. ZERO ACCIDENT RECORDS	ACCIDENT RATIO	0%	MONTHLY					
	B. TPM ESTABLISHMENT	UNPLANED DOWN TIME	O. HR.	QTR					
5. IMPROVE MIS ABILITY & FINANCIAL ANALYSIS	A. NOTEBOOK APPLICATION ABILITY IN REMOTE PLACE		98 0 99 6PEOPLE	QTR					
	B. IMPROVE ENGLISH TRAINING	10HRS / MAN. YR.		FY					
	C. IMPLEMENT COST ANALYSIS AND ACCOUNTING PROCESS	SOFTWARE 1QTR EACH DEP'T 2QTR TRIAL OPERATION 3QTR INPLEMENTATION 4QTR		FY					
6. ESTABLISH SALARY SYSTEM FOR EMPLOYEE	A. INTRODUCE ANNUAL SALARY SYSTEM FOR OFFICE PEOPLE	99 APRIL		FY					

어렵게 계획을 세워놓고서도 일정 시점에서 그 달성도를 살피고 측정하는 작업을 소홀히 하는 경우를 자주 본다. 이러한 잘못은 한 번 수립된 계획은 아무리 어려운 일이 닥쳐오더라도 최선을 다하여 철저히 수행하겠다는 종업원의 의지를 무디게 만든다. 그리고 이러한 행위가 반복되면 아예 계획 자체가 있으나마나한 정신적 해이를 가져온다. 따라서 중간의 중요 시점에서 중간목표 달성도를 검토하고 측정하는 번거로움을 결코 생략해서는 안 될 것이다. 모든 회사의 업무는 일과성으로 끝나는 것이 아니라, 계획하고 실시하고 검토하는 과정(plan, do and see)이 나사의 흐름처럼 반복되는 것이다. 결국은 중간확인이란 궁극적인 목표를 향해 나아가는 또 다른 시작점이다. 때문에 경영자는 계획 수립도 중요하지만 확인단계를 집행하고 습관화하는 데 솔선수범해야 하겠다.

필자가 앞에서 계획과 확인의 두 요소를 강조하여 계획과 확인이 없는 과정(process)이나 실천은 참경영이 아니라고 강조한 점도 이러한 이유 때문이다.

> • 우리 회사에서 시행하는 핵심 실천(core pratices)은 무엇인가?
> • 그 핵심 실천에는 확인단계가 양식화되어 있는가?
> • 그 양식에는 측정방법이 명확히 규정되어 있는가?

보상체제의 확립

이러한 과정을 철저히 준수하고 반복한다는 것은 정말 쉽지 않은

일이다. 너무나도 힘들게 이루어진 과정이기 때문에 몇 번의 강제
적인 진행 후에는 대부분의 사람들이 지쳐서 해이해지게 마련이다
(명령에 의해서만 움직여지는 조직화). 따라서 그러한 반복과정이
힘을 덜 들이고도 자발적으로 반복될 수 있는 유인책을 강구하기
위해서는 목표달성을 향한 의욕과 성취에 대한 보상의 최적화를 기
해야 한다.

중소업체로서는 시행하기가 어렵겠지만, 결국 일을 잘 하고 열심
히 노력한 직원에게 그에 상응한 대우를 하고 보상을 해주는 체제
가 갖추어져야 이러한 시스템이 정착될 수 있기 때문이다.

유의 사항

이러한 경영과정에서 유의해야 할 몇 가지 사항이 있다. 한번 정
해진 목표를 달성하게 된 경우, 또는 그러한 목표에 도달하기까지
수행된 문제의 인식, 계획의 수립, 집행확인 단계가 몇 번 반복되다
보면, 조직원들이 그 상황에 안주하려는 경향이 생긴다. 이전과 같
이 분석적인 과정은 없어지고 습관적이고 기계적인 업무를 반복하
는 경향이 팽배하게 마련이다. 이러한 경향을 인식하여 정체성을
타파하지 않으면, 그 사고방식이 고착되어 변화하는 주변여건에 적
응하지 못하는 역효과가 일어나게 될 것이다. 더 큰 문제는 이것을
고치기엔 애초의 그 관습이 몸에 배기 전보다도 몇 배나 어려워진
다는 것이다. 따라서 최고의 업무수행을 하나씩 이루어 나아가기
위해 놓쳐서는 안 될 또 한 가지 기본 자세는, 목표를 달성한 그 순
간에 다음 목표를 찾아나서야 하는 어려움이 있다고 가정하는 것이
다. 즉 정체성을 타파하는 끊임없는 혁신이야말로 성장과 번영으로
나아가기 위한 필요 불가결의 요소다.

모든 것을 자신이 혼자 하겠다는 생각을 버려야 한다. 혼자서 모든 일을 다 하려는 경우(중소업체의 초기에 흔히 겪게 되는 경우지만), 장기적으로 긴장과 의욕을 지속하기 어렵고 중간에 지쳐 포기하게 마련이다. 업무능력이 부족하다 싶더라도 가능한 한 여러 사람들에게 철저히 업무를 분담시키면서 더 중요한 기능에 능력과 의욕이 있는 사람이 할당되도록 배려해야 하겠다. 즉 우선순위에 따라 우수한 인적 자원에게 업무를 부여함으로써 인력이 부족한 중소기업의 취약점을 보완해 효과적인 업무수행이 이루어지도록 신경 써야 할 것이다.

이것과 관련된 사항으로서, 우리 사회에서는 나 혼자, 또는 우리 회사가 모든 것을 해야 한다는 사고방식이 강하게 지배하고 있는 것 같다.

오히려 우리가 잘 할 수 있는 강점에 주력하고, 우리가 부족한 많은 타조직이나 회사와의 업무제휴관계(business alliance)를 구축하여 대행케 함으로써 그 성과를 배가시킬 수 있다는 유연한 사고방식이 필요하다. 아웃소싱도 그러한 실례일 것이다. 또 한 가지 예를 들자면 생산과 제조에 강점이 있다면(제품의 품질과 가격 면에서 국제적인 경쟁력을 가질 정도라면) 초기의 제품 안정화 단계에 이르기까지는 생산과 제조에 주력하고 판매는 그 분야의 제품을 가장 잘 판매하는 외국 회사에 판매권을 서로 협의함으로써 적은 노력으로 시장을 개척·확보할 수가 있다. 증대된 물량으로 고정비를 분담시켜 비용을 줄일 수 있어 가격경쟁력이 더 향상되면서, 한정된 역량은 한곳으로 집중할 수 있어 효율적인 경영이 가능하기 때문이다.

외국 회사들은 이러한 업무제휴 관계가 원만한 계약을 통해 잘 형성되어 성공적으로 운영되고 있는 데 반해, 우리 사정은 그렇지 못한 것 같아 안타까울 따름이다. 아직도 우리 사회는 상대적으로 그러한 이해관계 구축에 필요한 신용과 신뢰의 토대가 아직 덜 형성되어 있는 것 같고, 소프트웨어적인 판매비용을 하드웨어적인 제조부문의 제조비용만큼 동등한 개념으로 인정치 않으려고·하는 문화적 차이에 연유하는 것이 아닌가 생각해본다.

앞에서 기술한 경영 요체를 모르는 사람은 없으리라 생각하는데, 그럼에도 불구하고 이 같은 원칙이 잘 지켜지지 않는 이유는 무엇인가?

① 이러한 업무추진 방법을 모르는 경우
② 알면서도 실천이 따르지 않는 게으름과 의무의 소홀
③ 신규자금 투여의 필요성 등으로 인해 알리거나 공개하기를 꺼려해 적당히 넘어가는 경우
④ 종업원과의 인간관계에서 너무 인정에 흐르거나, 결과가 나타날 때까지 꾸준히 실천할 수 없는 환경
⑤ 의욕 상실로 인해 집중력과 열정이 저하되는 경우

5

경영의 요소

무엇을 중점적으로 볼 것인가

흔히들 기업경영은 사람과 물자와 시간과 공간에 따른 흐름이라
거나, 자본·기술·영업이 가장 중요한 요소라는 등의 말을 한다.

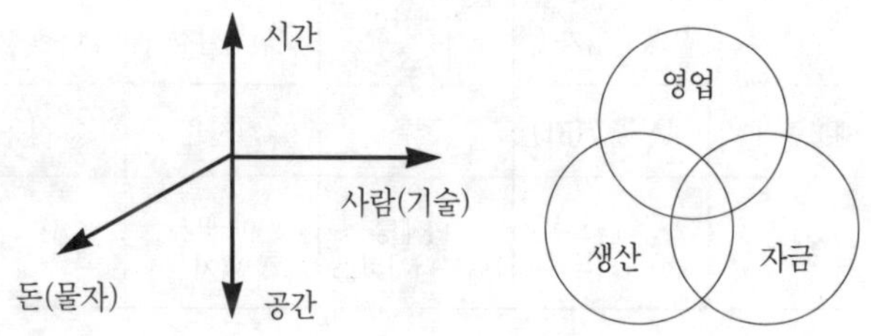

이러한 정의와 전문 경영서적 등에서 언급되는 내용과 우리가 실
제 기업을 경영하면서 부닥치는 경영의 중요 개념과 연관시켜 정의
해보면 〈표 5-1〉과 같은 형태로 정리해볼 수 있다. 각 회사의 실정

〈표 5-1〉 경영의 중요 개념

who	what	how	(공간, 장소) where	(시간) when	(for/to) whom
사람	고객	고객만족	애프터 서비스 보장	판매계획	영업개발
	주주	이익배당	전략	성장	이익과 주주총회
	종업원	조직 · 인사	작업환경	비전 · 교육	이익과 복지, 자기성취, 노사관계
기술	개발	기술개발	정보기술	R&D	성장
	생산	공정과 절차	아웃소싱	생산성 · 효율성	비용 절감
	품질	품질관리정책	외주관리	납기일정	품질비용
돈	자본	투자수익률	세무	성장 자산관리	부실채권관리
	현금흐름	대차대조표	재무	현금흐름	비용 절감
	이익	예산과 결산 손익계산서	비용분석 환율	비용분석 이자, 세금	이익잉여금 처분
물자	판매	판매계획 가격 경쟁	전략 시장개발	성장 납기	대리점관리
	구매	공급업자	자재관리 아웃소싱	납기일정	비용 절감
	재고관리	적시공급(JIT)	물류	회전율	비용
고객	영업	판매 관리 품질	마케팅 애프터서비스	마케팅 납기	대금회수

에 따라 몇 가지 더 추가할 수도 있겠고, 각 회사가 처한 입장과 주위 환경에 따라 이러한 개념의 중요도와 우선순위에도 차이가 있으리라 생각한다.

어떤 점부터 바로잡을 것인가

우선 회사가 나아갈 방향이 성장인가, 안정인가? 수주, 매출의 증대인가, 이익의 증대인가? 등에 따라 달라질 것이다. 또는 창업기, 성숙기, 성장확대기 등 회사가 처한 각 단계에 따라 앞에서 기술한 〈표 5-1〉의 여러 경영개념 중 어느 개념을 중시하고 우선순위를 둘 것인지 정할 수 있을 것이다.

문제는 주위 환경을 파악하고 현재 상태를 직시한 후에 인력과 자금사정을 고려하여 우선순위를 정하여 실행하는 것이다. 그 후에 연차적으로 그 중요도를 바꾸어가면서 주제를 선정하고, 그 주제의 집행을 위한 계획 단계로 접어들게 될 것이다. 또한 계획은 앞에서도 언급하였다시피 무엇을, 누구에게, 어떻게 맡겨, 언제까지 수행토록 한다는 상세한 내용을 담고 있어야 한다. 그 달성도 및 성과를 최종 확인하기 전, 중간에 확인·측정할 이정표(milestone)를 세우고 시간대(timeframe)별로 그 측정기준을 미리 계획에 포함시켜야 할 것이다.

계획단계에서는 미래에 대한 불확실성과 자료 부족으로 수치화가 어려운 경우가 많겠지만, 측정가능한 수치화된 계획을 수립하도록 하는 것이 철칙이다. 이러한 결론에 도달하기까지의 논의단계에서는 자유토론과 반대의견 제시 등을 통한 수평적 사고방식을 취하는 것이 바람직하다. 종업원의 자발적 참여를 유도함으로써 토의에 참여한 모두가 자신이 합의한 목표달성에 책임감을 느끼도록 해야 한다.

6

조직화

이제껏 기술한 경영의 요소 및 중요 개념을 어떻게 직원들에게 배분하고 할당시켜, 수평적 협조와 수직적 권한, 그리고 부문 간 책임과 권한을 명확히 하여 조직으로서 기능하도록 할 것인지가 중요한 과제다. 또한 놓쳐서는 안 될 사항으로서 소규모 조직이나마 의도한 대로 성공적으로 운용되는지 여부를 평가할 수 있는 평가방안을 준비하고, 일정 기간이 경과된 후에는 반드시 피드백을 통해 조직에 대한 평가를 해보아야 할 것이다.

혼자서 독불장군식으로 뛰어봤자 개인의 능력에는 한계가 있게 마련이다. 또한 점조직의 개인으로서가 아닌 팀이나 조직을 통해 업무가 진행되도록 유도함으로써 조직의 승수효과를 도모해야 한다는 것이다. 중소기업은 대기업에 비해 인력 부족은 말할 것도 없을뿐더러 인재의 부족도 겪는 터라 조직으로 승부하기에는 어려운 요소가 없지 않다. 그렇다고 몇몇 주요 간부에게만 의존하는 형태로 운용하다간 나중에 더 어려운 문제에 직면하게 될 것이다. 또한 유의할 사항은 한 번 구성한 조직은 불변하는 것이 아니라, 회사의 발전과 시간의 흐름에 따라 생명체와 같이 계속 변화하면서 파괴와 혁신의 과정이 지속적으로 뒤따라야 한다는 점이다. 몇몇 업체에서 자주 보는 현상이지만 한 번 구성한 조직이 안정되었다는 이유로 변화 없이 계속 그대로 둔다면, 정체성의 타파와 회사의 안정·성장뿐 아니라 혁신기에 따른 조직의 신축적인 대응을 기대할 수는 없을 것이다.

그러면 어떻게 조직화할 것인가? 과거의 답습에서 벗어나는 것이 무엇보다 중요하다. 새로운 조직을 구성할 때에는 새로운 마음과 다짐으로 다시 시작한다는 기분으로 신중을 기해야 한다.

중소기업의 특성을 가장 잘 활용할 수 있는 조직을 만들어야 한다. 조직원들이 제각기 맡은 업무분장의 목표를 잘 인식할 수 있도록 하는 조직화와 업무분담에 심혈을 기울여야 한다. 그리고 회사 가치창조의 가장 현저한 기여 기능은 영업부문이다. 영업부서의 조직에 각별히 신경을 써서 어느 곳에서 얼마만큼 버는지, 그리고 그러한 이익 발생이 용이하게 파악되도록 하여 조직의 성과를 평가할 수 있도록 해야 한다. 이러한 세 가지 사항에 유의하여 조직화하는 데 역점을 두고 관리해야 한다.

중소기업에 알맞은 강한 조직

우선 중소기업이 대기업에 비해 강점은 무엇인가? 이 장점이 가장 잘 살아날 수 있도록 하여 조직화하는 것이 무엇보다 중요하다 하겠다.

우선 중소기업의 강점을 살펴보면 다음과 같다.

① 고객관계 : 고객의 요구에 신속히 대처할 수 있고, 개별성이 가

능하다는 점

②종업원 관계 : 적은 인원에 기초한 의사결정과 전달과정의 단
　순성, 신속성 및 직접성이 가능하다는 점

③주주관계 : IR관계에서 주주에게 얽매이는 정도가 약하기 때문
　에 주주의 승인을 받아야 할 결정사항에 대한 신속성이 가능하
　다는 점

따라서 신속한 의사결정과 일사불란한 내부 의사전달과 고객에
대한 맞춤성 수요나 개별 요구에 따를 수 있는 점 등이 가장 큰 강점
이 되도록 모든 조직과 경영요소를 구성해야 한다.

즉 고객에 대해서는 다품종 소량생산, 기호에 따른 수요변화에 적
합한 맞춤형 서비스를 제공할 수 있도록 영업부문을 특화시킨다.
그리고 이러한 시스템에 적합한 관리체제나 규정을 수립하여 평가
하도록 하면서 회사 내부적으로는 신속한 의사결정을 내릴 수 있도
록 계층의 단순화를 이룬다. 이를 토대로 끊임없이 변화하는 시장
수요를 가장 발 빠르게 수용하고 소화시켜 고객만족과 감동경영을
줄 수 있는 사고를 갖도록 조직화하고 제도화해야 하겠다. 또한 정
기적으로 그 조직이 처음에 의도한 대로 잘 작동되고 있는지를 살
펴보기 위해 조직의 성공 여부를 평가하고 측정하는 제도를 보유하
여 형식적이고 피상적으로 평가하는 폐단을 방지토록 해야겠다. 그
만큼 조직화는 중요하고도 근본적인 문제이기 때문이다. 나의 강점
을 최상으로 부각시켜 활용하고, 약점을 효과적으로 방어하는 인력
배치의 최적화를 도모해야 한다.

따라서 조금 과장하여 말한다면 중소기업의 사장은 조금 덜 충분
하다 싶더라도 빠르게 결정하고, 즉각적인 집행의 속도전에 주력하
는 것이 바람직하다. 또한 고객과의 1 대 1 서비스가 직접적이고,

신속하게 실현되고 있는지 확인하는 방식으로 경영하는 것이, 조금 더 시간을 끌며 완벽한 의사결정을 내리고자 하는 것보다 백 배 낫다.

그러면 이러한 뜻에 부합되는 조직이란 구체적으로 어떠한 것인가? 그것은 각 회사마다 강점, 약점, 특성 및 주위 환경이 다르기 때문에 일률적으로 말하기는 어려울 것이다. 이 문제는 각각의 조직을 맡고 있는 최고경영자의 과제다.

> • 우리 회사엔 중소기업의 강점을 활용하도록 조직화되어 있는가?
> • 자사의 강점을 검토하는 회사 규정이 있고, 그 규정에는 강점 요소별 현재 운용상태를 등급화 내지 점수화하여 측정토록 하는 양식화 및 측정가능화가 고려되어 있는가?

조직화와 업무 분담

각 조직원 모두가 자신에게 부여된 업무를 명확히 인식하고, 어떻게 하면 자신이 수립한 업무목표를 수치화시켜 달성할 것인가가 다음 문제다.

업무처리를 위한 조직화에서 기능별(전통적 부서 개념)로 할 것인가 팀제로 운영할 것인가, 태스크 포스(task force) 또는 업무나 프로젝트 전담 팀을 둘 것인가, 위원회 방식으로 할 것인가? 여러 가지 방안이 있겠으나 중소업체에서는 기능별로 하되, 영업과 생산 부문은 경우에 따라 몇 개의 팀제로 운영해보는 것도 효과적이다. 이렇게 조직화한 후에는 어떻게 업무 목표를 각 조직원에게 철저히 인식시킬지를 고려해보아야 할 것이다.

모든 부문과 부서의 업무를 수익성·성장성·안정성으로 크게 나

눈 후에

① 수익성(financial performance) 위주 : 돈의 흐름과 수익성과 직접적으로 연관되어 재무제표상의 수치와 직결시킬 수 있는 업무내용

② 성장(growth) 위주 : 현재의 안정된 상태를 넘어 더 개선하고, 성장을 향한 제반 개념과 행위

③ 안정(endurance)위주 : 적정 수준까지의 도달을 추구하여 안정화와 체제유지를 위한 기본적 업무

등의 세 가지로 정리한다. 매년 경영 환경과 회사 실정에 맞춰서 순차적으로 번갈아가면서 각 부문별로 우선순위를 정해 제각기 안정과 성장과 수익성을 추구해나가도록 해야 할 것이다.

회사가 처한 입장에 따라 초기 정착화 단계, 안정·성숙화 단계, 성장단계, 또는 기업을 둘러싼 현재의 시장여건에 따라 관점이나 이해가 약간 다를 것이다. 앞에서 언급한 경영의 주요 개념을 각 부문별 또는 부서별로 상기 3대 분류와 관련시켜 주요 업무내용을 〈표 6-1〉과 같이 분장하여 보았다.

이러한 업무분장에 따라 각 영업부문 팀장과 모든 부서장에게는 매년 새해가 시작되기 전에 그러한 자기 부문이나 부서의 목표를 현실성에 입각하여 수립하고 그 목표 달성을 위한 주된 행위를 정의하도록 한다. 그 주된 행위의 상세한 실천계획을 세우고, 그 업무계획의 이행도를 측정할 수 있도록 상세하게 전개시키면서 성과달성의 측정과 측정시기를 양식화하여 제출하도록 한다. 그리고 부여

> • 우리 회사 또는 우리 부서가 타경쟁회사와 비교하여 월등히 낫거나 견줄 만한 우수사례(best practices)가 무엇이며, 몇 개나 보유하고 있는가?

<표 6-1> 조직의 업무분장

(50~80명의 소규모 조직기준)

구 분	수익성 위주	성장 위주	안정 위주
영업부	수주목표 매출목표 매출총이익목표	대리점관리, 고객개발, 시장점유 증진, 상품개발 전시회 계획, 마케팅	경쟁자 정보(SWOT분석), 판매 분석(5년간), 전략과 실천계획
생산부	생산계획 생산원가 절감 납기관리	생산성향상 외주관리 프로세스 개발	인력 훈련계획 설비관리(TPM) 절차서 개발 비용절감
자재부	구매계획 (가격·일정) 구매원가 절감	업체개발 재고관리(회전율)	자재관리(물류) 컴퓨터화(MRP)
기술부	엔지니어링 데이터 품질 관리지표	기술개발 외주관리 품질관리	절차서 확립 및 개선, 납기관리 품질보증 제품비용
관리부 (회계 및 인사)	재무보고서 예·결산 및 경비관리 현금흐름 급여관리	환율·이자율 재무 성과급(EIP)	원가분석 세무보고, 수금관계(외상매출금), 인력훈련, 고과, 노사관계, 자산관리, 보건관리
사후봉사	수주목표 매출목표 이익목표	고객만족도 시장개발	품질보증 사후봉사
종합관리	수주·매출·이익성 장률 조직(인원계획)	상품시장개발 홍보(고객·주주) 비전과 전략 투자계획	고객만족도, 품질만족도, 대리점관리, 부서별 협조, 인센티브 제도

된 업무 또는 자신이 계획한 모든 업무를 측정·통제가능(measurable & controlable)한 형태로 전개토록 한다(실례는 앞의 제4장에서 자료 4-1과 자료 4-2에서도 예시한 바 있지만, 제10장에서 한 번 더 다룬다).

<표 6-2> 조직화 체크 포인트

종합관리	1. 사장의 국제성, 창조성, 영업성, 실천성에 대한 자기 스스로의 평가는 어떠한가? 2. 의사결정 및 결재과정이 담당자 · 검토자 · 승인자의 3단계 이상으로 과다하게 운영되는 경향이 없는가? 3. 금년도 회사의 최우선 순위 업무 3가지는 무엇이며, 그 곳엔 가장 우수한 적임자가 배치되어 있는가? 4. 금년도 회사의 우수 실천사례 3개 정도는 무엇이고, 각 부서(문)에는 적어도 1개 이상의 우수 실천사례를 자체 보유하고 있는지 여부를 각 부문장에게 자문해보도록 하고 답해보도록 할 것. 5. 향후 2~5년 후에 가장 현저히 변화할 것은 무엇이라고 예상하며, 그 때의 조직은 어떠리라 짐작되며, 그러한 조직변화에 대한 배치를 고려할 때 후임 인원에 대한 자질은 적당하며, 교육훈련은 적당하다고 생각하는가? 6. 각 부문 장이 주 1회 이상 유머(humor) 감각을 발휘하고 있다고 관찰되는가? 7. 승진 및 보임, 포상 및 처벌에 사적인 감정의 개입은 없었는가?
영업관리	1. 중요 영업요원들의 주인정신(ownership)은 어느 정도(상, 중, 하)유지되고 있다고 생각하는가? 2. 영업인원들이 고객만족도에 대하여 얼마만큼 인지하고 있고, 적극성과 긍정적인 태도를 가장 잘 실천하는 베스트 3인은 누구인가?
회계 및 인사	1. 유동성 취급과정에 있어 금융사고를 방지하기 위한 책임의 분산 및 균형 · 통제가 잘 이루어져 있는가? 즉 통장과 인장의 분산보유, 소액현금계정의 주별 확인과정 등. 2. 포상은 한 박자 빠르게, 처벌은 한 박자 늦추어서 시행되고 있다고 생각하는가? 3. 포상과 칭찬은 적절히 시행되고 있으며, 직원의 사기는 어떠하다고 느끼는가?
운영	1. 앞공정에 의하여 발생된 품질불량과 납기지연 및 예산초과 집행과 목표미달 예상에 대해서는 뒷공정인원에 의한 경보 시스템(alarm bell)이 누구의 지시가 아니라 자동적으로 작동되고 있는가? 2. 품질보증 부문의 인원은 대체로 정직한 사람들로 편성되어 있는가?

어느 부문에서 어느 정도 이익을 발생하게끔 하고 그것을 어떻게 파악할 것인가?

창업자나 최고경영자의 관리형태에 따라 다소 차이가 있겠으나, 중소기업 가운데에는 이익을 추구한다는 목표와 그 이익을 최대화하기 위한 방안에만 초점을 맞추는 경우가 많다. 따라서 체계적이고 합리적인 이익발생에 대한 관리지표, 즉 이익의 계획과 예측과 이에 따른 대처방안 등을 명확히 알 수 있는 제도로 정착시키지 못한 상태로 운영되는 경우가 많은 것 같다.

가능하다면 처음부터 이익 발생의 메커니즘을 구상하고 집행할 수 있도록 하는 것이 이익창조에 기여한 공헌도에 따른 보상체계를 제도화시킬 수 있다는 점뿐 아니라, 외부환경 변화에 따라 이익발생 메커니즘이 변할 때 그에 상응한 즉각적이고 사전적인 대책을 강구할 수 있다는 점에서 시도해봄직하다고 생각한다. 특히 오늘날과 같은 구매자 주도 시장 여건에서는 영업부문의 중요성을 재삼 거론할 필요가 없을 것이다. 영업부문의 기능별, 지역별, 산업별, 시장별로 팀제나 사업부문별로 독립채산제를 도입하여 그 수익성, 성장성, 시장점유율에 대한 정확한 분석결과를 파악하는 일이 무엇보다도 중요하다 할 수 있을 것이다.

이를 위해서는 첫째, 어느 부문이 돈을 버는 역할(profit center)을 할 것이고, 어느 부문이 지원·협력 역할(cost center)을 할 것인지를 정하여, 각 수익부문이 소정의 목표만큼 이익창조를 성취하는지 알 수 있도록 해야 한다.

둘째, 소정의 목표만큼 이익을 창출해내는지 여부를 측정하고 평가하기 위한 수단으로서, 업무 부문별 손익계산서 체제를 갖추고,

그 기록이 제때에 도출되도록 해야 한다.

셋째, 이 때 각 업무부문(business unit)별로 비용과 가격의 조정을 어떻게 설정하느냐에 따라 이익발생 결과와 기여도의 상관관계 해석에, 실제와 수치해석상 차이가 상당히 있을 것이다. 때문에 그 할당과 조정의 원칙이 합리적이고 현실적인 것이 되려면 현실에 입각한 검증과 이에 따른 조정 및 신축적 운용이 중요하다 하겠다.

(1) 독립채산성격(profit center)의 사업부문 구성과 업무할당

사장은 항상 우리 회사의 이익이 어디에서 창출되고 있으며, 그 이익 발생의 원천인 경쟁력이 진정 그 이익발생에 상응할 만큼 가치 있는 요소이며, 그 부분에 대한 우월성을 유지·확대하기 위하여, 우리가 그 부문만이라도 우수 사례를 실행하고 있는지 항상 생각해보고 파악해보아야 할 것이다. 즉 우리의 이익은 어디에서 나오며, 그 이익을 창출하는 우리의 강점은 무엇인지 파악해야 한다는 것이다.

이렇게 이익의 발생원천을 알기 위해서는 회사의 조직체계를, 그것을 파악할 수 있도록 구상해야 한다. 수익부문으로서 독립된 사업부문의 구성, 부문 간의 원가와 판매가격 체계의 설정, 이에 따른 재무제표(손익계산서)를 기록하여 평가해보는 일 또한 중요하다고 할 수 있을 것이다.

- 예를 들어, 국내 소규모 회사의 경우로서, 생산하고 판매하는 가장 간단한 운영형태에서부터, 판매만은 대리점 형태로 독립시키는 형태의 운용도 고려해볼 수 있을 것이다.
- 그 밖에도 영업부문을 국내조직과 해외조직 등으로 나누어 다양하게 운영할 수도 있겠으나, 여기에서는 단순 예시를 위하여 〈표 6-3〉과 같은 운영을 가상해보기로 하자.

〈표 6-3〉 독립채산부문의 조직

성격	수익센터		비용센터
조직	영업부문 국내영업　해외영업 ├ 직영 └ 대리점판매　미주지역영업–미국내 영업사무소 （A/S:사후봉사 부도 영업의 일개 부서임） （미주시장）지역판매대리점 / 대리점 없는 지역 （EU, 아시아）국가별 판매대리점 / 대리점 없는 지역	제조부문 ├ 생산부 ├ 자재부 └ 기술부(Q/A 포함)	관리부문 ├ 회계부 ├ 인사부 └ 총무부
회계	생산부문에서 구입한 가격을 원가로 하여 매출총이익을 더해 고객에게 판매함	제조부문의 손익계산은 영업부문으로의 매출액에서 제조원가를 뺀 것을 매출총이익으로 계산함	관리부문의 비용은 영업부문과 생산부문에 분담시킴

- 즉 관리부문은 비용센터가 되며, 영업부문과 제조부문은 제각기 수익센터로 규정하되 영업은 몇 개의 팀으로 나눈 형태다.

- 영업부문의 각 팀은 제품종류별·시장별 등으로 나눌 수 있겠지만, 여기에서는 고객에 이르기까지 영업 경로(flow)에 따라 구분하여 〈표 6-4〉와 같은 형태로 분류하여 운영해보기로 한다.

- 무엇보다도 중요한 것은, 이렇게 조직한 각 부문(부서별)은 측정가능할 정도로 계획한 달성목표와 업무분담을 명확히 하고 그 구성원이 〈자료 10-1〉과 〈자료 10-2〉와 같이 자기 부문별 또는 개인별 업무목표를 매년 제출하게 하여 그 수익성을 성취하는 데 책임감과 완수의욕을 갖도록 해야 한다는 점에 그 취지가 있는 것이다.

(2) 사업부문 간의 원가와 가격 문제

고객(end user)이 최종 구입하는 가격은 표시가격(list price)으로

〈표 6-4〉 판매경로에 따른 영업형태

구분	영업부	대리점	고 객
A	국내영업(직영)	×	고객과 직접거래
B	국내(대리점판매)	국내대리점(지역별, 산업별)	대리점을 통하여
C	해외영업(I)	×	해외고객과 직접거래
D	해외영업(II)	국가별, 지역별대리점	대리점을 통하여
E	해외영업(III)	해외판매사무소	고객과 직접거래
F	해외영업(IV)	해외판매사무소 외국판매대리점	판매대리점을 통하여

서 시장여건과 경쟁여건에 따라서 국가별·지역별·산업별로 다를 것이기 때문에 한 마디로 규정하기가 어려워 신축성(pricing flexibility)을 가져야 하겠으나 〈표 6-5〉와 같이 예시해보기로 하자.

즉 〈표 6-5〉에서는 다음과 같이 설정했다.

첫째, 제조부문에서는 제조원가에다가 일정한 매출총이익, 이 경우에는 35%가량을 더한 가격 P(M)로 영업부문에 판매하는 것으로 하였다.

둘째, 각 영업부문(부서)에서는 제조부문에서 구입한 가격을 판매원가로 한 후 매출총이익(gross income rate) 40%를 더하여 최종 사용자에게 P(S)가격으로 판매하는 것으로 하였기 때문에 최종 사용자에게 판매되는 가격은 언제나 동일하나 판매경로에 따라 영업소 및 판매대리점에 지불하는 수수료가 있어 영업부문의 수익률이 그만큼 줄어들게 되어 있다.

셋째, 이 원칙에 따라 손익계산서를 작성하되, 실제 상황은 시장가격에 따라 최종 판매가격이 다르고(예를 들어, 미주시장에서는 고가로 판매되나 아시아시장에서는 저가로 팔아야 한다든지) 경쟁

〈표 6-5〉 부문 간 원가·가격 기여도

순위	부문·부서	원 가	판매가격	고객까지의 전달경로			부문·부서의 기여(예)
				영업소	대리점	고객	
1	제조부문	제조원가 (C.O.M)	P(M)= 제조원가+ 매출총이익	영업부문이 내부 고객임			매출총이익 : 35%
2	국내직영 (A형)	제조부문판 매가=영업 구입가 P(M)	표시가격= 제조부문으 로부터구입 가+매출총 이익	고객			매출총이익: 40%
3	국내 대리점판매 (B형)	제조부문 구입가 =P(M)	표시가격= 대리점에 판 매하는가격 +수수료	대리점→고객			매출총이익 40% 중 판매수수료 10% 포 함
4	해외영업(I) (C형)	2항과 같음		해외고객			매출총이익 : 40%
5	해외영업(II) (D형)	3항과 같음		해외대리점→고객			매출총이익 40% 중 판매수수료 10% 포함
6	해외영업(III) (E형)	구입가	P(S)=P(M) +매출총이 익	해외영업소가 일차 고객 해외영업소→고객			매출총이익 40% 중 해외영업소 수수료 20% 포함
7	해외영업(IV) (F형)	제조부문 으로부터의 구입가		해외영업소가 일차 고객 영업소→대리점→ 고객			매출총이익 40% 중 해외영업소 15% 지 불, 판매대리점 10% 지불

여건에 따라 할인율이 다르고, 지역에 따라 또는 판매 강화 지역으로 선정되는 전략에 따라 매출총이익 이후에 발생되는 판매비용의 발생요인이 다르기 때문에 현실성에 입각한 세심한 조정이 필요하다. 그러나 일단 그 조정된 비율이 정해지면 그 규칙에 따라 손익계산을 함으로써 어디에서 이익이 나는지를 판정해보는 데 도움이 될 것이다.

넷째, 그러나 앞에서 기술한 내용은 사업부문 간, 시장별 또는 제품별로 수익성 및 기여도를 검토하기 위한 자료를 도출하기 위해 인위적으로 부여한 조건이니만큼, 회사의 전략적 가격정책(corporate pricing policy)을 지역에 따라, 상품 모델에 따라 시장 판매가격을 달리 적용하도록 책정했을 경우에는 그에 따른 기여율의 해석을 달리해야 한다.

(3) 사업부문 간의 손익계산서

이러한 방식에 기초하여 손익계산서를 작성해보면, 〈자료 6-1〉에서 〈자료 6-8〉까지 정리할 수 있다. 즉 제조부문, 각 영업 팀별, 또는 시장별, 제품 종류별로 손익계산이 도출되도록 제도화해야 한다.

첫째, 제조부문과 영업부문 간의 이익 조정문제, 그리고 본사 영업부문과 해외 영업사무소와 판매대리점 간의 기여율을 어떻게 조정하여 그 결과가 참값에 근접하도록 하고 올바르게 평가되도록 할 것이냐 하는 문제가 본질적으로 대두된다.

둘째, 우리가 이러한 시도를 해보는 근본 취지는 어디까지나 조직 자체의 수익기여도를 수치분석하여 우리 자신을 알고자 하는 것이므로 다음과 같은 관점에서 심사숙고해볼 필요가 있을 것이다.

- 회사의 이익은 어디에서 나오는가?
  ① 제조인가?—A제품인가, B제품인가?
  　　　　　—생산인가, 자재인가?
  　　　　　—생산이라면 가공인가, 조립부문인가?
  　　　　　—가공이라면 인원인가, 장비인가?
  ② 판매인가?—내수인가, 수출인가?
  　　　　　—산업별·지역별로는?
  　　　　　—연도별 변화추세는 어떤가?

- 그러한 이익을 가능케 하는 경쟁력 요소는 무엇인가?
  사내, 사외의 경쟁력 요소는? 산업별 · 지역별 경쟁요소는?
- 그러한 경쟁력 요소가 앞으로 3~5년 간 어떻게 달라질 것으로
  예측되며, 그런 사항에 대한 대책은 어떻게 대처해나가야 할 것
  인가?
- 따라서 3~5년 간의 분석자료에 의거하여 성장성과 수익성을
  두 축으로 성장형, 성장유지형, 한계형, 퇴출형 등으로 구분할
  수도 있을 것이다.

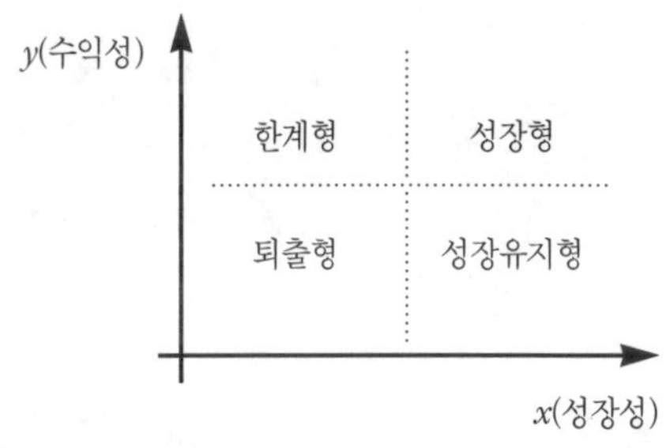

즉 경쟁력 상실 분만큼을 만회할 수 있는 고부가가치 제품으로 나아가지 않으면 안 되겠다거나(예컨대, 주철 제품에서 스테인리스 철제품으로 대체한다든지), 경쟁상실 분을 보전할 수 있는 대체 시장을 찾도록 한다(예컨대, 시스템 엔지니어링 상품으로 상실 분만큼 보충). 또는 시너지 효과를 낼 수 있는 연관제품 시장에 대한 기업의 인수 · 합병에 따른 시장성도 검토해본다든지 하는 것이다.

또한 이러한 검토를 할 때 최우선적으로 중요한 사항은 반드시 제도화하고 표준양식을 정하여 측정가능한 방법으로 진행되도록 해야 한다.

셋째, 이러한 분석을 하다 보면 영업부문에서 판매를 할 경우 어디까지 할인을 해주면서라도 판매에 응할 것이며, 어느 선 이하에

서는 포기를 할 것인지 판단 기준이 설정될 것이다. 바꿔 말해 영업
부문의 이익 포기 가격, 판매비용 포기 가격 등에 대한 이해와 그에
따른 영업부문의 기여는 떨어진다 하더라도 타사업부문에 기여하는
요소, 즉 일반관리비 부담에 따른 기여와 제조원가 중 고정비의 분
담에 따른 기여도 등을 고려해볼 수 있는 판단 자료가 나오는 것도
부수적 효과라 하겠다.

또한 더 강화해야 할 부문과 수익성을 위해 추후 좀더 우선순위를
두고 중점적으로 나아가야 할 방향도 정해진다.

이익 발생 메커니즘 분석용 및 수익성 검토 자료

1. 이익 발생 메커니즘 회의시 토의사항(자료 6-2)

2. 총괄(판매부문, 제조부문) 수익자료(자료 6-3)

3. 제조부문 손익자료
   A. 제조부문의 제품 종류별 수익자료(자료 6-4)
   B. 제조부문, 내수제품의 제품종류별 수익자료(자료 6-5)
   C. 제조부문, 수출품의 제품종류별 수익자료(자료 6-6)

4. 판매부문 손익자료
   A. 판매부문의 시장종류별 수익자료(자료 6-7)
   B. 판매부문의 제품종류별 수익자료(자료 6-8)

이익 발생 메커니즘 회의시 토의사항

A. 어디에서 이익이 창출되고 있다고 생각하는가?

1. 제조와 판매 부문의 매출총이익률에 대해 서로 느끼는 해석과 그 수익에 대한 실질적 기여요소는 무엇이라 생각하는가?

2. 제조와 판매부문에 할당된 일반관리비 분담률에 대한 서로의 생각에 대해 토론해본다.

3. 판매부문의 부문별(시장별, 제품별), 연도별 매출총이익률은 어떤 추세로 변화하고 있는가?

4. 매출총이익 창출에 기여가 적은 판매부문이라 하더라도, 제조비용 중 고정비용과 일반관리비 비용분담에 기여한 몫에 대한 평가를 해본다.

5. 제조부문과 판매부문 비용 중 양 부문 고정비 관계에서 유사성과 차이점에 대해 의논해본다.

6. 현재보다 매출이 50%, 100% 증가한다고 가정해볼 때, 직접비, 간접비의 구성과 예산개념을 생각해본다(즉 매출액 증가에 따른 고정인원의 변화 요소).

B. 이익 창출에서 우리의 경쟁력 중 핵심은 무엇인가?

1. 최근 3~5년 간의 자재비, 인건비, 생산성의 변화추세를 분석해보자.

2. 우리의 가장 치열한 경쟁자를 국내, 해외에서 각 1개 업체

씩 선정하고 그들을 벤치마킹하여 가능한 한 그들의 연도별, 자재비, 인건비 생산성 변화추세를 우리 자료와 비교하여 우리 제품의 경쟁력 보유 여부를 검토해보자.

3. 제조부문에서 이룬 이익은 각 반별로, 가공 또는 조립별로 제각기 얼마만큼 기여했는지 분석해보자.

4. 어느 제품 한 종류를 표준으로 취했을 때 제조(가공, 조립 등…) 공정 중 어디에서 가장 부가가치가 높은 것으로 파악되는지 살펴보자. 가장 부가가치가 낮다고 느껴지는 공정에 대해서는 내부 공정원가와 외주 처리가격에 대한 비교분석을 해보자.

C. 향후 나아가야 할 방향은?

1. 제조부문 중 가장 부가가치가 높은 공정 · 활동 · 제품은 무엇인지 살펴보자.

2. 판매부문 중 가장 수익률이 높은 시장 · 제품 · 분야는 어느 곳이며, 더 노력을 경주해야 할 점은 무엇인지 분석해보자.

3. 3~5년 후에 위의 두 가지 사항은 어떻게 변하리라 예상되는지 검토해보자.

CONFIDENTIAL

1999 Profit/Loss (총괄수익자료)

(CONSOLIDATED)

Rev.:0
Date:
Prepared:

Local Currency(000')

	(A)+(D) Consolidated 1999	%	Elim	(A) 판매부문	%	(D) 제조부문	%	(B) 제3자간 거래액	%	(C) 관계회사간 거래액	%
Sales											
제3자간 거래액	5,131,050	53%	3,565,831	5,131,050	100%	3,565,831	44%	3,565,831	100%	0	0%
관계회사간 거래액	4,557,682	47%		0	0%	4,557,682	56%	0	0%	4,557,682	100%
Total sales	9,688,732	100%		5,131,050	100%	8,123,513	100%	3,565,831	100%	4,557,682	100%
Cost of Sales											
Direct Cost	6,082,322	63%	3,565,831	3,565,831	69%	6,082,322	75%	2,723,333	76%	3,358,989	74%
Material	5,296,635	55%		0	0%	5,296,635	65%	2,431,713	68%	2,864,922	63%
Labor	629,044	6%		0	0%	629,044	8%	232,143	7%	396,901	9%
Boxing	156,643	2%		0	0%	156,643	2%	59,477	2%	97,166	2%
Fixed manufacturing	861,443	9%		0	0%	861,443	11%	439,308	12%	422,135	9%
Total Cost of Sales	6,943,765	72%		3,565,831	69%	6,943,765	85%	3,162,641	89%	3,781,124	83%
Licensing Fees	496,034	5%		0	0%	496,034	6%	204,693	6%	291,341	6%
Gross Margin	2,248,933	23%		1,565,219	31%	683,714	8%	198,497	6%	485,217	11%
	100%			70%		30%					
Selling:											
Commissions & Disc.	413,478	4%		413,478	8%	0	0%	0	0%	0	0%
Selling Fixed	461,634	5%		461,634	9%	0	0%	0	0%		0%
Total Selling	875,112	9%		875,112	17%	0	0%	0	0%	0	0%
General & Administration Engineering and R&D	402,757	4%		118,895	2%	283,862	3%	82,626	2%	201,236	4%
Total Operating Expense	1,277,869	13%		994,007	19%	283,862	3%	82,626	2%	201,236	4%
Operating Income/(Expense)	971,064	10%		571,212	11%	399,852	5%	115,871	3%	283,981	6%
	100%			59%		41%		12%		29%	
						41%					

CONFIDENTIAL

제조부문 1999 Profit/Loss
(제품 종류별)

Rev.:0
Date: May 16,2000
Prepared:MJ CHOI

Local Currency(000')
List Price

	Total	%	제품 A	%	제품 B	%	제품 C	%	제품 D	%	제품 E	%	제품 F	%
제3자간 거래액	3,565,831	44%	51,650	22%	114,119	14%	477,300	43%	44,203	5%	2,114,804	100%	763,756	25%
관계회사간 거래액	4,557,682	56%	183,685	78%	685,739	86%	635,599	57%	808,232	95%	0	0%	2,244,427	75%
Total sales	**8,123,513**	**100%**	**235,335**	**100%**	**799,858**	**100%**	**1,112,899**	**100%**	**852,435**	**100%**	**2,114,804**	**100%**	**3,008,183**	**100%**
	100%													
Cost of Sales														
Direct Cost	6,082,322	75%	169,818	72%	594,324	74%	797,775	72%	649,835	76%	1,701,285	80%	2,169,285	72%
Material	5,296,635	65%	137,768	59%	505,834	63%	688,841	62%	580,098	68%	1,533,260	73%	1,850,834	62%
Labor	629,044	8%	26,784	11%	69,243	9%	82,611	7%	64,161	8%	129,935	6%	256,310	9%
Boxing	156,643	2%	5,266	2%	19,247	2%	26,323	2%	5,576	1%	38,090	2%	62,141	2%
Fixed manufacturing	861,443	11%	23,376	10%	77,573	10%	117,673	11%	80,305	9%	260,542	12%	301,974	10%
Total Cost of Sales	**6,943,765**	**85%**	**193,194**	**82%**	**671,897**	**84%**	**915,448**	**82%**	**730,140**	**86%**	**1,961,827**	**93%**	**2,471,259**	**82%**
Licensing Fees	496,034	6%	15,079	6%	54,234	7%	80,829	7%	55,054	6%	85,028	4%	205,810	7%
Gross Margin	**683,714**	**8%**	**27,062**	**11%**	**73,727**	**9%**	**116,622**	**10%**	**67,241**	**8%**	**67,949**	**3%**	**331,113**	**11%**
	100%													
Selling:														
Commissions & Disc.	0	0%		0%		0%		0%		0%		0%		0%
Selling Fixed	0	0%		0%		0%		0%		0%		0%		0%
Total Selling	0	0%	0	0%	0	0%	0	0%	0	0%	0	0%	0	0%
General & Administration Engineering and R&D	283,862	3%	9,307	4%	32,922	4%	39,124	4%	36,710	4%	49,003	2%	116,796	4%
Total Operating Expense	283,862	3%	9,307	4%	32,922	4%	39,124	4%	36,710	4%	49,003	2%	116,796	4%
Operating Income/(Expense)	**399,852**	**5%**	**17,755**	**8%**	**40,805**	**5%**	**77,499**	**7%**	**30,531**	**4%**	**18,945**	**1%**	**214,317**	**7%**
	100%		4%		10%		19%		8%		5%		54%	

Notes

CONFIDENTIAL

제조부문 1999 Profit/Loss
(제3자간거래 제품종류별)

Rev.:0
Date:
Prepared:

NASH KOREA
Local Currency(000')

	Trade Total	%	제품 A	%	제품 B	%	제품 C	%	제품 D	%	제품 E	%	제품 F	%
Sales														
제3자간 거래액	3,565,831	100%	51,650	100%	114,119	100%	477,300	100%	44,203	100%	2,114,804	100%	763,756	100%
	0	0%	0	0%	0	0%	0	0%	0	0%	0	0%	0	0%
Total sales	3,565,831	100%	51,650	100%	114,119	100%	477,300	100%	44,203	100%	2,114,804	100%	763,756	100%
	100%		1%		3%		13%		1%		59%		21%	
Cost of Sales														
Direct Cost	2,723,333	76%	36,718	71%	81,516	71%	340,056	71%	33,172	75%	1,701,285	80%	530,586	69%
Material	2,431,713	68%	30,344	59%	69,965	61%	296,066	62%	28,154	64%	1,533,260	73%	473,924	62%
Labor	232,143	7%	5,438	11%	9,027	8%	33,609	7%	5,018	11%	129,935	6%	49,116	6%
Boxing	59,477	2%	936	2%	2,524	2%	10,381	2%	0	0%	38,090	2%	7,546	1%
Fixed manufacturing	439,308	12%	6,363	12%	14,059	12%	58,803	12%	5,446	12%	260,542	12%	94,094	12%
Total Cost of Sales	3,162,641	89%	43,081	83%	95,575	84%	398,859	84%	38,618	87%	1,961,827	93%	624,680	82%
Licensing Fees	204,693	6%	3,637	7%	9,018	8%	38,845	8%	4,186	9%	85,028	4%	63,979	8%
Gross Margin	198,497	6%	4,932	10%	9,525	8%	39,596	8%	1,399	3%	67,949	3%	75,096	10%
	100%		2%		5%		20%		1%		34%		38%	
Selling:														
Commissions & Disc.	0	0%	0	0%		0%		0%		0%		0%		0%
Selling Fixed	0	0%		0%		0%		0%		0%		0%		0%
Total Selling	0	0%	0	0%	0	0%	0	0%	0	0%	0	0%	0	0%
General & Administration Engineering and R&D	82,626	2%	1,197	2%	2,644	2%	11,060	2%	1,024	2%	49,003	2%	17,697	2%
Total Operating Expense	82,626	2%	1,197	2%	2,644	2%	11,060	2%	1,024	2%	49,003	2%	17,697	2%
Operating Income/(Expense)	115,871	3%	3,735	7%	6,881	6%	28,536	6%	375	1%	18,945	1%	57,399	8%
	100%		3%		6%		25%		0%		16%		50%	

Notes

<u>CONFIDENTIAL</u>

제조부문 1999 Profit/Loss
(내부거래간,제품종류별)

Rev.:0
Date:
Prepared:

Local Currency(000')

	Intercompany Total	%	제품 A	%	제품 B	%	제품 C	%	제품 D	%	제품 E	%	제품 F	%
Sales														
	0	0%	0	0%	0	0%	0	0%	0	0%	NONE		0	0%
제3자간 거래액	4,557,682	100%	183,685	100%	685,739	100%	635,599	100%	808,232	100%	0		2,244,427	100%
Total sales	4,557,682	100%	183,685	100%	685,739	100%	635,599	100%	808,232	100%		0%	2,244,427	100%
	100%		4%		15%		14%		18%				49%	
Cost of Sales														
Direct Cost	3,358,989	74%	133,100	72%	512,808	75%	457,719	72%	616,663	76%	0		1,638,699	73%
Material	2,864,922	63%	107,424	58%	435,869	64%	392,775	62%	551,944	68%	0		1,376,910	61%
Labor	396,901	9%	21,346	12%	60,216	9%	49,002	8%	59,143	7%	0		207,194	9%
Boxing	97,166	2%	4,330	2%	16,723	2%	15,942	3%	5,576	1%	0		54,595	2%
Fixed manufacturing	422,135	9%	17,013	9%	63,514	9%	58,870	9%	74,859	9%	0		207,880	9%
Total Cost of Sales	3,781,124	83%	150,113	82%	576,322	84%	516,589	81%	691,522	86%	0		1,846,579	82%
Licensing Fees	291,341	6%	11,442	6%	45,216	7%	41,984	7%	50,868	6%	0		141,831	6%
Gross Margin	485,217	11%	22,130	12%	64,201	9%	77,026	12%	65,842	8%	0		256,017	11%
	100%		5%		13%		16%		14%			0%	53%	
Selling:														
Commissions & Disc.	0	0%	0	0%	0	0%	0	0%	0	0%	0		0	0%
Selling Fixed	0	0%	0	0%	0	0%	0	0%	0	0%	0		0	0%
Total Selling	0	0%	0	0%	0	0%	0	0%	0	0%	0		0	0%
General & Administration Engineering and R&D	201,236	4%	8,110	4%	30,278	4%	28,064	4%	35,686	4%	0		99,099	4%
Total Operating Expense	201,236	4%	8,110	4%	30,278	4%	28,064	4%	35,686	4%	0		99,099	4%
Operating Income/(Expense)	283,981	6%	14,020	8%	33,924	5%	48,963	8%	30,156	4%	0		156,918	7%
	100%		5%		12%		17%		11%			0%	55%	

Notes

CONFIDENTIAL

판매부문 1999 Profit/Loss
(시장종류별)

Rev.:0
Date:
Prepared:

Local Currency(000')

		Trade Total	%	A 시장	%	B 시장	%	C 시장	%	D 시장	%	E 시장	%
Sales													
Domestic		3,123,123	61%	1,894,380	63%	256,020	29%	586,407	96%	74,293	29%	312,023	85%
Overseas		2,007,927	39%	1,109,404	37%	635,612	71%	26,209	4%	181,170	71%	55,532	15%
Total sales		5,131,050	100%	3,003,784	100%	891,632	100%	612,616	100%	255,463	100%	367,555	100%
		100%		59%		17%		12%		5%		7%	
Cost of Sales	(A)	3,242,470	63%	1,890,439	63%	662,299	74%	389,736	64%	105,359	41%	194,637	53%
Ofeer sale		48,803	1%			41,378	5%	7,425	1%				
Total Cost of Sales		3,291,273	64%	1,890,439	63%	703,677	79%	397,161	65%	105,359	41%	194,637	53%
Licensing Fees		0	0%		0%		0%		0%		0%		0%
Gross Margin		1,839,777	36%	1,113,345	37%	187,955	21%	215,455	35%	150,104	59%	172,918	47%
		100%		61%		10%		12%		8%		9%	
Selling:													
Commissions & Disc.		413,478	8%	308,082	10%	27,600	3%	40,660	7%	29,869	12%	7,267	2%
Selling Fixed		461,634	9%	344,595	11%	26,654	3%	17,132	3%	29,080	11%	44,173	12%
Total Selling		875,112	17%	652,677	22%	54,254	6%	57,792	9%	58,949	23%	51,440	14%
General & Administration	(B)	60,456	1%	34,893	1%	11,008	1%	7,076	1%	3,633	1%	3,847	1%
Engineering and R&D													
Total Operating Expense		935,568	18%	687,570	23%	65,262	7%	64,868	11%	62,582	24%	55,287	15%
Operating Income/(Expense)		904,209	18%	425,775	14%	122,693	14%	150,588	25%	87,522	34%	117,631	32%
		100%		47%		14%		17%		10%		13%	

NOTES
(A) MEANS IS MFG.'S SALES AMOUNTS.

CONFIDENTIAL

판매부문 1999 Profit/Loss
(제품종류별)

Rev.:0
Date:
Prepared:

Local Currency(000')

	Trade Total	%	제품 A	%	제품 B	%	제품 C	%	제품 D	%	제품 E	%	제품 F	%
Sales														
Trade	5,131,050	100%	61,423	100%	133,724	100%	587,372	100%	65,777	100%	3,126,102	100%	1,156,652	100%
Intercompany	0	0%	0	0%	0	0%	0	0%	0	0%	0	0%	0	0%
Total sales	5,131,050	100%	61,423	100%	133,724	100%	587,372	100%	65,777	100%	3,126,102	100%	1,156,652	100%
	100%		1%		3%		11%		1%		61%		23%	
Cost of Sales														
Direct Cost (A)	3,565,831	69%	51,650	84%	114,119	85%	477,300	81%	44,203	67%	2,114,804	68%	763,756	66%
Fixed Cost	0	0%	0	0%	0	0%	0	0%	0	0%	0	0%	0	0%
Total Cost of Sales	3,565,831	69%	51,650	84%	114,119	85%	477,300	81%	44,203	67%	2,114,804	68%	763,756	66%
Licensing Fees	0	0%		0%		0%		0%		0%		0%		0%
Gross Margin	1,565,219	31%	9,773	16%	19,605	15%	110,072	19%	21,574	33%	1,011,298	32%	392,896	34%
	100%		1%		1%		7%		1%		65%		25%	
Selling:														
Commissions & Disc.	413,478	8%	2,041	3%	2,388	2%	12,014	2%	4,195	6%	299,466	10%	93,374	8%
Selling Fixed	461,634	9%	5,526	9%	12,031	9%	52,845	9%	5,918	9%	281,251	9%	104,062	9%
Total Selling	875,112	17%	7,567	12%	14,419	11%	64,859	11%	10,113	15%	580,717	19%	197,436	17%
General & Administration Engineering and R&D	118,895	2%	1,423	2%	3,099	2%	13,610	2%	1,524	2%	72,437	2%	26,802	2%
Total Operating Expense	994,007	19%	8,990	15%	17,518	13%	78,469	13%	11,637	18%	653,154	21%	224,238	19%
Operating Income/(Expense)	571,212	11%	782	1%	2,088	2%	31,603	5%	9,937	15%	358,144	11%	168,658	15%
	100%		0%		0%		6%		2%		63%		30%	

Notes

7

회의와 보고서

　이제 중요 업무를 부문별·부서별로 명확히 분장하여 업무흐름에 따라 활동별·부서별 플로 차트까지 완성함으로써 수평적·수직적 책임과 의무를 시간의 흐름에 따라 누수현상이 생기지 않도록 명확히 했다.

　각 부서별 또는 중요 인원별로 연간 업무목표를 비롯해, 〈자료 4-1〉과 〈자료 4-2〉처럼 전개시켜 업무수행계획과 업무 달성도 측정의 기준도 준비되어 합의했다. 좀 심하게 표현하면 그 업무목표서(objectives sheet)를 제출한 부서장 및 영업담당자는 이제 옴짝달싹 못하고, 자신이 합의한 업무수행에 매진할 수밖에 없을 정도로 강제되었다고 할 수 있을 것이다.

　이렇게까지 구체화된 계획이 준비되어야, 목표달성이 계획에 못 미친 결과에 대해 책임을 물을 수 있는 것이다. 그 합의기준이 모호한 상태에서 어떻게 책임을 물을 수가 있겠는가.

　그러나 이러한 계획을 세워 집행하는 궁극적인 목적은 목표달성을 위한 것일 뿐, 책임을 추궁하기 위한 것은 아니다. 따라서 최선을 다하고도 성과가 미달되는 결과를 미연에 방지하기 위해 중간과정에 이정표를 정하고 중간성과의 측정을 계획서에 포함시키는 한편, 중간중간에 부서 또는 업무담당자 간의 협조와 조정이 필요하다.

이러한 협조와 조정에 유효한 수단으로서, 회의와 보고서가 대화의 수단으로 활용된다.

회의의 효율적 운영

- 회의의 종류와 일정은 연간으로 미리 정하여, 1년 전에 미리 공표하는 것을 원칙으로 하였다(주주총회, 이사회, 각종 위원회별 회의, 글로벌 회의, 영업전략회의 등에 대해서는 생략하기로 한다).
- 업무 협조와 조정을 위한 필요에서 수시로 갖는 회의는 논외로 치고, 정기부서회의, 부서 간 회의, 전체 회의 등에 대해서는 연간 계획을 다음과 같이 확정하여 운영하였다.
  ① 회의 시간은 16 : 00~17 : 00까지로 정하여 늦어도 퇴근시간(17 : 30)까지 제한을 두어 한 시간 또는 한 시간 반을 넘지 않도록 함을 원칙으로 하였다.

〈표 7-1〉 회의 일정표

요 일	화요일	금요일
1주	영업회의	월간 부서업무보고회의
2주	관리회의	자재회의
3주	기술회의	생산회의
4주	품질관리회의	일정 회의

② 의제의 사전준비와 회람, 회의록 작성 등 기본적인 사항에 대한 언급은 생략한다.

③ 회의에서 의결된 모든 사항은 반드시 누가, 무엇을, 언제까지, 어떻게 한다는 점을 밝혀 측정가능한 정도까지 기록되어야 한다. 그리고 반드시 점검책임자를 지정하여, 그 점검책임자가 확인할 수 있도록 한다. 구호에만 그치고 실천계획이 도출되지 않은 의결은 회의를 하지 않은 것과 동일하다는 것을 명심해야 할 것이다.

회의, 회의록, 보고서의 관계

업무의 협조와 조정 및 보고 방법으로서 〈표 7-2〉와 같이 활용했다.

- 우선 부서별 회의에는 안건에 따라 업무 간섭 및 협조가 요망되는 상황에 대해서는 타부서장, 또는 담당자에게 사전 연락하고 안건에 대해 답변이 준비된 상태로 참석해야 한다.
- 대체로 월간 부서업무보고회의와 품질관리회의 및 일정회의는 모든 부서장이 모이는 회의의 성격으로 운영하고, 각 해당자가 안건을 미리 준비하여 배포함으로써 부서 간의 협조와 조정을 도모했다.
- 이러한 전체회의는 노트북 컴퓨터와 프로젝터(projector)를 통해 서류를 줄이고 효율성을 높이는 데 주력했다.
- 중요한 핵심업무에 대해서는 별도 보고서가 작성되어 기록으로 남고 수신처에 따라 사내 전자우편망으로 전송하기도 하였으며, 자료의 공유화를 꾀하는 동시에 회의시 발표 자료(presentation material)로서 사용하기도 했다.

〈표 7-2〉 회의, 회의안건 및 보고서 종합

부 문	검토사항	회의 및 보고		일시 및 작성자	항목 참조 (자료)
		회의	회의안건 및 보고서		
A. 종합관리 (management)	1. 조직	인별 목표	조직평가서	사장(반기별·계간별) 각 제출자(계간별)	4-1, 4-2 10-1, 10-2
	2. 수익성		수익성 검토	사장+관리(반기별)	6-1, 6-8
	3. 월간·연간종합평가		월 간·연 간 리포트	사장	7-3
B.영업	1. 판매계획 및 관리 2. 판매활동 3. 마케팅 4. 애프터서비스	월간업무 보고회의	월간영업보고서 수주·매출· 수주잔고 보고서 고객만족도	각 영업담당자(1화) 영업부장(1금) 영업부장(1금)	11-1 11-7 11-11
C.관리	1. 재무 및 회계 2. 예산·결산 3. 자산관리 4. 원가관리	월간부서 업무보고	재무보고	관리부서장(2금)	12-1, 12-2 12-3, 12-4
	5. 채용·급여·복리 6. 교육훈련 7. 노사협의	관리회의	인사고과 성과급	관리부서장(2화)	12-6
D.생산	1. 일정	일정회의	생산작업량 생산 일정표(I,II,III,IV)	일정 수립자(4금)	13-1
	2. 작업관리, 공정관리 3. 외주관리 4. 안전관리	생산회의 월간업무 보고회의		생산부서장(3금) 생산부서장(1금)	13-2 13-3
	5. 품질관리	품질회의 월간업무 보고회의	품질비용 품질등급	품질부서장(4화) 품질부서장(1화)	13-9 13-10
E.자재	1. 구매관리 2. 자재관리 3. 재고관리	자재회의 월간업무 보고회의		자재부서장(2금) 자재부서장(1화)	14-1 14-2
F.기술	엔지니어링 데이터 & ECN(engineering change notice)	기술회의		부서장(3화)	

- 회사 전체의 월간 상황을 요약한 「월간 경영진 보고서(monthly executive report)」를 〈자료 7-1〉, 〈자료 7-2〉, 〈자료 7-3〉으로 첨부했다.

중요 문서의 간판화

실행해야 할 항목이 몇 가지 중복되거나 긴급한 다른 사항이 발생하면 그 전에 수행하기로 했거나 합의한 사항 또는 지시받은 사항을 잊거나 놓치는 경우가 허다하다.

잊어서는 안 될 이러한 실천계획 또는 자기 업무에서 중요도가 최우선시되는 내용, 타부서와 협조해야 할 긴급사항 등은 반드시 기록하여 보안에 관계되는 사항을 제외하고는 자기 책상의 눈높이에 꽂아놓게 하여, 중요 사항의 간판화를 시행하였다. 이것은 이행 여부의 누락을 방지함과 동시에 자기 자신에 대한 현시효과와 중복다짐의 효과가 있어서, 장기간 집행할 경우에는 매우 큰 도움이 되었다.

> - 우리 회사에서 가장 효과적으로 운영되는 회의 세 가지는 무엇인가?
> - 우리 회사가 운영하는 회의와 보고서 중 자랑할 만한 실천 사례 세 가지는 무엇인가?
> - 어째서 그것이 좋다고 생각하는가?
> - 정말 좋다고 생각하는 만큼의 우수성이 존재하는가?

INTER-OFFICE MEMORANDUM

TO: CC : SEE DISTRIBUTION BELOW
FROM:
DATE: OCT. 19, 1999
SUBJECT: 1999 SEPTEMBER MONTHLY REPORT

EXECUTIVE OVERVIEW

REMARKABLE PERFORMANCE DURING SEPTEMBER, 1999 WAS ORDER BOOKING OF TAE-AN XY (DOMESTIC) AND TEPCO / ANEGASAKI (JAPAN) IN POWER BUSINESS AND SHIPPING OUT OF 6 × MM STAINLESS STEEL 316L MMM FOR XYZ EUROPE B.V. WE HAD A CHOOSEOK HOLIDAY DURING SEP. 23-25.

ORGANIZATION

TOTAL NUMBER OF EMPLOYEE IS 53 AS PLANNED AND WE ARE UNDER RECRUITING ONE MORE PEOPLE TO FILL VACANCY OF WHICH POSITION WAS VACANT BY RESIGNATION.

FINANCIAL STATUS AND SHIPMENTS

FINANCIAL REPORT TELL US THE CURRENT PERIOD SHIPMENTS (SALES) WERE US 738K$, OR 261% OF THE PLAN AND YTD SHIPMENTS WERE US 5,966K$, OR 95% OF THE PLAN.
WE FORECAST, AS OF SEP. END, 1999 YE SHIPMENT SHALL BE US 8,059K$, OR 104% OF THE PLAN BY THE EXCHANGE RATE OF 1,200 W/$.
YTD NET INCOME IS US 590K$, OR 76% OF THE PLAN.
MAJOR REASONS FOR POOR NET-INCOME IS ATTRIBUTED TO FIRSTLY HIGHER EXPORT SHIPPING RATION AND SECONDARY LOWER SALES PRICE BY COMPETITION THAN THE PLAN.

SALES AND ORDER BOOKING

SEPTEMBER ORDER BOOING WAS US 545K$, OR 130% OF THE PLAN AND YTD BOOKING WAS US 5,448K$, OR 130% OF THE PLAN MAJORLY THANKS TO ONE UNCLEAR POWER JOB BOOKING OF ULCHIN N.P.P.

WE FORECAST, AS OF SEP. END, YE BOOKING SHALL BE US 7,776K4 OR 131% OF THE PLAN BY EXCHANGE RATE OF 1,200₩/$, XY WILL BE 107% AND YZ WILL BE 176% OF THE PLAN

THE DIFFERENT FIGURES BETWEEN FINANCIAL REPORT AND THE SUMMARY OF BOOKINGS, SHIPMENTS AND BACKLOG IS ATTRIBUTED TO THE APPLICATION OF DIFFERENT CURRENCY EXCHANGE RATE, IE F/R APPLIED WITH ACTUAL RATE AND B/S/ / BL APPLIED WITH AVERAGE RATE.

PRODUCTION WORKLOAD

SEPTEMBER OVERTIME RATION(OVERTIME / REGULAR TIME) WAS 28%, THAT IS 30% AVERAGE OVERTIME RATE WAS 32%.

OPENING BACKLOG IN 1999 BEGINNING WAS TOTAL US 4,161K$, THAT IS US 1,573K$ OF TRADE AND US 1,071K$ OF INTERCO ORDER BY @RATE 1,200₩/$.

PLANTLOAD FORECAST (REQUIRED M-H / AVAILABLE M-H) BY SECURED ORDERS 149% IN OCT., 106% IN NOV., AND 113% IN DEC., 1999.

ECONOMIC ENVIRONMENT

JUDGING FROM THE RECENT SIGNALS FROM THE REAL ECONOMY AS WELL AS THE FINANCIAL SECTOR, THE KOREAN ECONOMY APPEARS TO HAVE BOTTOMED OUT IN LATE 1998.

IN THE REAL SECTOR, MOST INDICATORS SHOW THAT KOREA HAS PASSE3D THE TROUGH AND NOW ON THE UPSWING SIDE TOWARD RECOVERY.

KOREA EXPECTS TO ACHIEVE 2 PERCENT OR HIGHER GROWTH THIS YEAR.

INFLATION IS EXPECTED TO REMAIN AT A STABLE LEVEL OF 3 PERCENT, WHILE A CURRENT ACCOUNT SURPLUS OF US $20 BILLON OR MORE IS LIKELY.

MERRILL LYNCH RECENTLY ADJUSTED ITS GROWTH PROJECTION FOR KOREA TO 4.5 PERCENT AND J.P.MORGAN 4 PERCENT.

BEST REGARDS,

CONFIDENTIAL

XYX COMPANY

For Month Ending : YY

SUMMARY OF BOOKINGS, SHIPMENTS & BACKLOG
Unit : Thousand US$

	Monthly Bookings		YTD Bookings		Monthly Shipments		YTD Shipments		Current Ending B/L	TOTAL Ending B/L
	Value	% of Plan	Value	% of Plan	Value	% of Plan	Value	% of Plan		
TRADE										
X	6	18.9%	670	100.2%	121	351.4%	498	109.7%	231	347
Y	304	96.6%	1,539	102.0%	0	0.0%	2,173	70.4%	1,051	2,604
Z	16	64.7%	317	94.2%	8	18.3%	370	83.9%	45	45
XX	15	110.7%	258	190.0%	21	108.5%	123	69.8%	96	102
YY	24	156.9%	178	131.7%	3	15.8%	105	58.2%	150	150
Total Trade	**365**	91.2%	**2,962**	106.3%	153	129.1%	3,269	75.4%	**1,573**	**3,248**
INTERCOMPANY										
Y	166	105.9%	2,082	147.6%	532	322.6%	2,187	119.0%	874	1,088
Z	14	N.A *1	404	N.A *1	37	N.A *2	388	N.A	197	197
Total Intercompany	**180**	114.8%	**2,486**	176.3%	**569**	344.7%	**2,575**	140.1%	**1,071**	**1,285**
GRAND TOTAL:	**545**	97.8%	**5,448**	129.8%	**722**	254.6%	**5,844**	94.6%	**2,644**	**4,534**

Full Year Forecast

Full Year Bookings	Value	% of Plan
Current Forecast	**9,077**	114%
Prior Forecast	**8,454**	106%
*Original budget ('2000 budget)	**7,972**	

Full Year Shipments	Value	% of Plan
Current Forecast	**8,965**	99%
Prior Forecast	**9,608**	106%
*Original budget ('2000 budget)	**9,080**	

. Exchange Rate (Won1,130/1US$)

XYZ COMPANY

Rev.: 0
Date:
Pred by:

Period:
USD(000')

BALANCE SHEET SUMMARY

		TARGETS	CURRNET MONTH	LAST MONTH	BEG. YEAR
CASH			836	325	2,744
TRADE RECEIVABLES			864	1,408	520
	DSO	47	52	74	20
INVENTORY			1,209	1,179	666
	TURNS	7	5	5	6
PROPERTY,PLANT&EQUIP.			1,320	1,321	1,375
OTHER ASSETS			88	49	216
ACCOUNTS PAYABLE/CUSTOMER ADVANCES			1,564	1,396	917
	DCSO	48	56	54	66
OTHER LIABILITIES			82	72	—
INVESTED CAPITAL (EXCLUDING CASH)			1,834	2,490	1,860

PROFIT/LOSS STATEMENT

		CURRENT CACTUAL	MONTH PLAN	YTD ACTUAL	YTD PLAN
SALES		738	283	5,966	6,312
GROSS INCOME		147	22	1,425	1,894
		20%	8%	24%	30%
OPERATING EXPENSES		70	60	832	899
		9%	21%	14%	14%
OTHER OPERATING INC(EXP)		2	—	67	—
		0%	0	1%	0%
OPERATING INCOME	(B)	78	(38)	660	995
		11%	−13%	11%	16%
OTHER INC(EXP)		60	4	112	26
		8%	0	2%	0%
PROFIT BEFORE TAX		138	(34)	772	1,021
		19%	−12%	13%	16%
NET INCOME		104	(34)	590	776
		14%	−12%	10%	12%
RETURN ON INVESTED CAPITAL	(B)/(A)	43%			

NOTE:Exchange rate 1,200won/1$

8

중점 관리 요소 (이익, 품질, 납기) 의 간판화

　부문별 중요 사항을 차질 없이 이행하기 위해 회의와 보고서로 협조와 조정의 장을 마련하여 각 담당자들이 모두 잘 숙지하고, 자발적인 의욕과 적극적이고 긍정적인 사고방식으로 이제 주요 간부들이 회사를 이끌어 나아가는 데 전혀 문제가 없을 만큼 모든 게 완벽하게 준비되었다. 그런 후에도 모든 종업원이 알아두어야만 전체의 시너지 효과와 일사불란한 팀워크를 기할 수 있는 중요 사항이 있다. 회사별로 느끼는 중요성의 정도에 다소 차이가 있겠으나 안전, 이익, 품질, 납기 등의 요소가 그것이다.

　안전이란 인간의 쾌적한 생활의 기본조건이라는 적극적 의미 외에도 소극적인 의미에서 종업원의 장기적 근로소득의 원천으로서 노동력을 보장하는 핵심사안이다. 수익(이익)은 회사 존속의 원천이 될 것이며, 품질은 전 회사원의 노력의 결실이란 점에서, 납기는 고객에 대한 우리의 신뢰이기 때문에 매우 중요하다.

　이러한 요소에 대한 현황은 종업원 모두가 인식하게 하고 자발적인 참여를 유도하기 위해 회사 내 적당한 위치에 눈에 잘 띄게 게시판과 같은 형식으로 월별로 그 실적치를 공표하는 간판방식화로 시너지 효과를 기하는 것이 바람직하다.

안전

안전관리규정에는 무재해기록판에 목표기간, 달성기간, 무재해달성률 등을 간판화하도록 되어 있다. 대부분의 회사에서 회사 정면이나 눈에 잘 뜨이는 곳에 이 게시의 간판화가 잘 지켜지고 있기 때문에 여기에서는 부연설명을 생략하기로 한다.

이익(수익성)

(1) 회사의 이익이 곧 나의 몫으로 돌아온다는 인식과 이익을 계획만큼 이루지 못하는 기업경영은 전적으로 전체 종업원의 책임이라는 (그렇지 않다면 누구에게 책임이 있겠는가) 기본철학을 충실히 각인시키도록 하려면 정기적으로 또는 수시로 투명한 경영성과를 종업원과의 대화를 통해 전달하도록 해야 한다.

(2) 이익의 발생은 판매액의 증가(플러스 요소)와 비용의 감소(마이너스 요소)의 합으로 나타난다. 먼저 판매가격은 시장여건에서 결정된 요소다. 또한 판매가격의 추세는 제품의 새로운 성능 개선이나 신제품개발이 따르지 않는 한 경쟁으로 인해 시간이 흐를수록 계속 하락하게 마련이다(제품가격의 라이프사이클). 이에 따라 판매가격을 높이기 어렵고, 매출액 증가로 인한 고정비의 단위제품당 분담률이 줄어드는 효과가 나타난다. 따라서 낮은 판매가격에서라도 꾸준히 수주량을 늘려야 한다는 점과 이러한 수주증가는 또한

고객만족에 의해서만 가능하다는 점, 그리고 이러한 판매액 증가는 종업원 전체의 마음가짐이 뒷받침되어야 가능하다는 상황을 종업원들에게 수시로 강조하고 이해하도록 해야 한다.

(3) 반면에 비용감소 측면에 대해서는 다음과 같은 점을 강조해야 한다.

첫째, 생산성향상과 원가절감을 이룰 수 있는 실질적인 분야는 공정개선이나 생산공정 중 흔히 일어나는 중복실수의 예방과 애프터서비스 비용의 절감 등이 현실성 있는 비용감소 방안임을 예시하여 경각심을 일깨우도록 한다.

둘째, 매년의 인플레이션에 따른 자재비와 인건비의 증가는 이러한 수익성 증가 범위 이내에서 이루어져야 한다. 그렇지 않는 한 몇몇 독점적 시장가격 체제를 유지한 기업이나 수익성이 풍부한 대기업 몇 군데를 제외한 대부분의 중소기업체는 결국 제 살을 뜯어먹는 우를 범하게 되어 경쟁력 약화와 시장점유율 하락으로 이어져 회사가 도산하게 된다. 결국 종업원에 대해서는 조금 더 여유롭지만 짧은 직장생활을 하기보다는 조금 부족한 상태에서 먼 안목으로 회사 전체의 발전과 자신의 발전을 도모하도록 설득해야 할 것이다. 그리고 이러한 설명을 할 때에는 국내 데이터뿐만 아니라, 가능한 한 국제적인 데이터로 설득하여 국제적인 경쟁력을 보유해야 하는 당위성을 인식시키도록 노력한다.

(4) 어떤 자료를 게시할 것인가?

주로 매월 또는 분기별의 부문별 손익계산서와 투자수익률(return on invested capital : ROIC) 수치와 재고회전율(inventory turns) 등을 게시했다.

품질 : 비용 요소

　품질수준이란 곧 비용의 함수관계로서, 최적의 비용으로 소기의
품질수준을 이루어내는 것이 그 핵심이다. 품질목표는 구매자의 요
건에 맞추고, 그 요구사항을 반영한 제조 사양(specification)에 회
사 제품이 부합되도록 생산하는 것이다.
　또한 최근의 경향은 품질보증이 제품에 기대되는 하드웨어적인
성능보장에 그치지 않고 고객과 관계되는 제반 소프트웨어적인 것
도 포함시켜 확장되는 추세다. 따라서 품질과 납기를 분리하지 않
고 품질에 모두를 포함시켜 운영할 수도 있을 것이나, 납기의 중요
성을 강조하기 위해 별도 항목으로 기술한다. 품질에 관한 내용은
제13장 품질관리 항에서 자세히 언급하기로 하고 여기에서는 간략
히 다루기로 한다.
　중요한 사항은 품질수준의 측정에 포함되는 요소로서 회사 내적
인 것만 아니라 외적인 요소로서 고객만족도도 중요한 요소이며,
회사 내적인 사항에서도 제품의 기계적인 성능에만 국한되는 것이
아니라, 자재와 기술부문 등의 제반 요소도 포함된 총괄개념이란
점이다. 이러한 요소에 가중치를 부가하여 점수화해 측정하고 모두
에게 인식되도록 게시한다는 철학을 견지해야 효과적일 것이라 생
각한다. 이번 달에는 품질이 좋았다는 식의 막연하고 추상적인 평
가가 아니라, 계측된 점수에 의거해 자신이 참여한 결과를 모두가
느끼도록 해야 한다.
　〈표 8-1〉의 품질만족도의 계량적 평가 결과서를 매월 게시하여 이
러한 취지를 도모하도록 했다.

<h2 align="center">〈표 8-1〉 품질만족도의 계량적 평가 결과서(A)</h2>

Rev.:　　　　　Date:　　　　　Prep'd by:　　　　　Chck'd by:

부문	No.	항 목	입력 자료	부서명	Responsibility	만점	배점	비 고
A. 고객 만족 부문	2.1	고객희망납기(Shipping Performance/Customer wanted date up to 3 days late)	O.P.M.R	생산	일정관리자	8		
	2.2	고객약속 납기(Shipping Performance/Promised date up to 3 days late)	O.P.M.R	생산	일정관리자	8		
	2.3	제품하자 비율(Warranty & Goodwill)	O.P.M.R	개발 영업	After Market MGR	8		
	2.4	고객불만 처리평가(Rating of Customer's complain handling)	고객불만 처리 평가서	개발 영업	After Market MGR	8		
	소계					32		
B. 생산 부문	2.5	생산성 및 효율(Productivity, Efficiency) (Actual/Plan)×100	O.P.M.R	생산	Production Dep't MGR	5		
	2.6	안전관리(Safty)	O.P.M.R	생산	안전 관리자	3		
	2.7	장비초과 가동시간(Machine tool up time)	O.P.M.R	생산	Production Dep't MGR	3		
	소계					11		
C. 자재 부문	2.8	납품업체 납기 효율(Supplier delivery performance)	O.P.M.R	자재	Material Dep't MGR	6		
	2.9	재고 회전율(Inventory turns)	O.P.M.R	자재	Material Dep't MGR	8		
	소계					14		
D. 품질 관리 부문	2.10	주물품 불량률(Casting reject)	Monthly Report	품질 보증	Q/A Dep't MGR	8		
	2.11	외주가공품 및 제작품 불량률(Finished parts reject)	Monthly Report	품질 보증	Q/A Dep't MGR	6		
	2.12	구매품 및 외자품 불량률(Accessory reject)	Monthly Report	품질 보증	Q/A Dep't MGR	3		
	2.13	펌프 최종검사 불량률(Pump final inspection reject)	Monthly Report	품질 보증	Q/A Dep't MGR	3		
	2.14	펌프 PKG 최종검사 불량률(Package)	Monthly Report	품질 보증	Q/A Dep't MGR	3		
	2.15	자체 가공품 불량률(In-house M/C Part)	Monthly Report	품질 보증	Q/A Dep't MGR	6		
	2.16	펌프시험 초기 합격률(Pump test/Passed 1st time)	O.P.M.R	품질 보증	Q/A Dep't MGR	8		
	2.17	품질비용(Cost of Quality)	O.P.M.R	품질 보증	Q/A Dep't MGR	6		
	소계					43		
총계		(A부문소계＋B부문소계＋C부문소계＋D부문소계)	*96이상:A(최상) *81-89:C(중) *65-70:E(최하)	*90-95:B(중상) *71-80: D(중하)		100		최상, 중상, 중, 중하, 최하

※ Note: O.P.M.R⇒xxx Operation Performance Measure Report.

납기

　납기관리는 필자의 경우에 일정 회의와 아울러 가장 강조한 사항 중 한 요소였다.

　납기란 고객과 맺은 시간에 대한 약속을 지키는 품질보증의 요소다. 좁은 의미로 계약제품의 계약기간 내 인도를 의미할 뿐만 아니라, 광의의 의미로 견적서 제출 약속과 계약서에 언급된 기술도면과 데이터의 제출 일정에 대한 약속 준수와 더불어 납품 후에도 시운전(start-up & commissioning)과 애프터서비스에 이르기까지 고객의 응대에 즉각 답신하는 모든 시간 개념의 소프트웨어적인 것을 품질보증(quality assurance)의 요소로서 정의하고 측정했다.

　납기는 시간(time)요소이며, 시간은 곧 돈(cost)이라는 사항을 강조하여 일정관리의 의의를 부각하도록 하였다. 납기를 지키지 못하는 것은 흔히 일어날 수도 있는 문제가 아니라, 고객에 대한 가장 최악의 서비스 양태 중 하나로 정의했다. 그리고 이러한 납기약속을 지키기 위해 고객희망 날짜(customer wanted date)와 고객약속 날짜(customer promised date)로 구분하여 성과를 측정토록 했다. 이러한 납기준수를 위해 납기준수의 위험성이 예상될 때에는 일정관리자(scheduler)가 긴급(urgent)이란 붉은 깃대를 세우는 간판방식을 도입하여 관련부문의 직원에게 경각심을 울리면서 납기회복을 위한 협조가 이루어지도록 했다.

　이러한 납기와 고객 만족도를 포함한 제 요소를 품질만족도라는

> • 우리 회사에서 간판방식화하여 종업원에게 각인시키고 대화하는 세 가지는 무엇인가?
> • 그것의 간판화는 현저하고 뚜렷이 나타나 있는가?

시스템으로 끌어올려 〈표 8-1〉과 같은 점수화로 무재해 기록판 옆
에 나란히 게시함으로써 모든 직원이 인식하고 참여하는 분위기가
형성되도록 배려했다.

9

다국적 기업에서 얻은 교훈

처음 다국적기업에 참여하여 기업경영을 해보고자 마음먹은 이유는 외국 문화를 경험해보고, 여유 있는 경제적 혜택을 누리면서 선진회사의 시장개발과 제조부문의 경영 경험을 바탕으로 기회가 주어진다면 독자적인 컨설팅 비즈니스를 창업하겠다는 생각에 연유했었다.

어느덧 10여 년의 세월이 흐르는 동안 국내외의 경제 및 사회적 대전환기의 문턱에서 실로 예상치 못한 국가경제 위기를 맞기도 하면서 산업발전의 양상과 직업관에도 커다란 변화가 있었다.

순수하게 이론적으로 생각해보자면, 경제선진국인 미국과 일본을 따라잡는다는 것은 참 쉬운 일인 것 같다. 선진국의 정치·경제·사회·문화의 여러 가지 제도를 벤치마킹하여, 장점은 따르고 단점은 버리면 되지 않은가. 그리고 이러한 실행을 몇 년, 몇십 년 하다 보면 결국은 우리가 그들보다 더 나은 위치에 서 있게 될 것이다. 그러나 그렇게 쉬움에도 불구하고 왜 잘 안 되는 것인가? 그것은 기존 관계 또는 습관을 대체하는 혁신관행을 접목시키려 할 때 정치 · 경제 · 사회 · 문화 등 모든 분야의 이해관계자들로부터 반발을 사고 파워게임으로 혼란이 극심해지기 때문이다.

국민 여러 분야의 이해상충관계를 조정하고 타협으로 이끌어내는 민주적 지도자(leadership)의 지도 아래 여러 지도층이 자신의 기득권과 욕심을 버리고 국가를 이끌게 된다면…. 이렇게 국가적인 관점에서 보면 알기는 쉬우나 실행하기는 참 어려운 것 같다. 그러나 중소기업에서는 관련 당사자가 그만큼 한정되어 있기 때문에 사장의 굳건한 의지만 있다면 훨씬 쉬우리라 생각한다.

그런 의미에서 우리가 선진 다국적기업에서 벤치마킹해야 할 요점은 무엇인지 여러 번 생각해볼 기회가 있었다.

받아들여야 할 점

1. 변화를 통한 생존전략

끊임없이 변화를 추구한다는 점이다. 필자가 다국적기업에서 일한 시기는 1980년대 중반에서 말까지, 미국이 일본의 위협을 받던 때다. 일본식 품질보증제도를 기반으로 한 자동차 · 반도체 · 철강산업이 미국시장을 위협하던 시대, 그리하여 미국의 어느 시골에서는 일본차를 해머로 때려부수고, 수많은 일본 재력가가 미국의 유수한 회사의 부동산을 매입하고, 그 결과 미국민의 경각심 고취용이라고 여겨지는 《떠오르는 태양(The Rising Sun)》이라는 소설이 베스트셀러가 되어 읽히고, 대학과 산업계가 합심하여 리엔지니어링과 리스트럭처링이 유행처럼 번지던 시대였다. 실제 필자가 경험한 바로도 1980년대 중후반에는 미국 회사원들이 일본에 대해 자신감을 잃고 걱정하던 풍경이 눈에 선했다. 그러나 이 같은 분위기는 1990년대

초·중반으로 접어들면서 완연히 가셨다. 이러한 시기에 그들은 철저히 변화를 지향했다. 그 지향하는 바는 주로 다음과 같았다.

- 컨설팅 회사의 자문에 기초한 경영(management)의 변화와 전략개발(strategy development)의 추구
- 시장점유율 확대를 위한 판매전략부문(sales strategy session)과 실천계획(action plan) 및 판매조직(sales organization)의 변화
- R&D와 신시장으로의 시너지 효과를 추구하는 기업 M&A의 활발한 욕구 등을 지향하는 글로벌 조직의 변화

2. 기업경영의 투명성 확립과 반부패관련 사고방식

원래 기업회계처리의 투명성은 확립되어 있었지만, 후발개도국에서 만연하던 부정·부패의 개입을 방지하기 위한 부패방지 조례(Foreign Corruption Protection Act) 등의 강화였다. 필자도 해마다 대리점을 비롯해 종업원을 각성시키고 이러한 각서를 제출한 기억이 있다. 부패의 근절은 소득의 분배구조가 공평한 사회에서는 일한 만큼 소득으로 수령하고, 받는 소득차액만큼 산술적으로 정확히 업무 수행의 차이를 인정하게 되어 근로의욕에 대한 자부심과 아울러 긍정적인 사회평가 기준이 확립된다는 데 그 취지가 있었다.

3. 수평적 관계와 사고방식

우리는 흔히 동양인들은 유교적인 사고방식에 젖어 있어 인정적이고 수직적인 관계에 익숙해 있고, 서양인들은 철저한 자본주의 정신이 몸에 배어 있어 냉정하고 이기적이라는 애기를 자주 하곤 한다. 대체로 옳은 경향이라고 생각하지만, 요즈음 동양 제국이 서

구 산업화하면서 생활에 쪼들린 나머지 너무 서구화에 매진하면서 동양의 좋은 점을 상실해버린 게 아닌가 하는 느낌이 든다. 즉 서양은 생활의 여유가 있어, 가족관계에서 지켜야 할 여러 가지를 신경 쓸 수 있는 데 비하여, 우리는 가족관계의 중요한 덕목을 희생시키면서 오로지 회사만을 위한다는 태도로 우리의 미덕을 저버리는 것은 아닌가.

여하튼 가족관계를 중시하고 가족을 소개하고 안부를 묻고 하는 문화에서 파생된 서구인의 수평적 사고방식은 업무의 자율화와 토론의 문화, 대화의 문화에 따르는 책임과 권리의 문화로 확대되어, 사고가 경직되지 않고 유연하며 효율이 높다는 느낌이 든다.

4. 대화와 토론 및 칭찬과 유머

최고경영자의 리더십 유형에 따라 약간의 차이가 있겠지만 대체로 서양은 대화와 토론의 마당이 열려 있다. 즉 결정이 내려지기 전까지 토의 단계에서는 수평의 장이 확장되어 있고, 동양은 약간 경직되면서도 상의하달식 문화가 지배적이다. 이것은 회사의 관계에 그치지 않고, 고객과의 관계, 협력업체와의 관계, 대 정부 관계에서도 공통적이다. 구시대의 문화와 관습에 젖어 경직된 우리네 정부문화, 고객문화, 하청문화도 지배종속적인 관행에서 서서히 벗어나 동등한 협력관계로 나아가고 있다. 또한 이들 회사에서 시간 날 때마다 틈틈이 최신 유행정보에 대한 의견 교환도 많은 도움이 되었다. 즉 리스트럭처링, ISO, Y2K라든지 전자상거래(e-commerce), 사이클 비즈니스(cyclic business) 등 최신 주제에 대한 토론과 의견교환은, 그 당시엔 별로 못 느꼈지만 훗날 상당히 도움이 되었다고 생각한다.

또한 이러한 대화의 장에서 중요한 요소는 유머와 칭찬일 것이다.

우리 사회도 유머 감각은 사람에 따라 천차만별인 것 같다. 타고난 성품상 아무리 인위적으로 유머 감각을 발휘하려고 노력해도 어색하기만 한 사람도 있고, 아주 자연스럽게 좌중을 휘어잡는 이도 있다. 대화의 시작과 끝을 늘 웃음으로 이끄는 서구인들의 자연스러움은 생활과 사고의 풍족함에 연유한 것이리라. 그리고 잘 한 일과 훌륭한 발표에 대해서는 진심으로 격려해주고(Good job!) 인정해주는 문화의 확장은 살맛 나는 세상으로 바뀌어가는 바람직스러운 추세임을 믿어 의심치 않는다.

업종과 상품에 따라 조금씩의 차이는 있겠지만, 외국 기업이 우리나라에 투자하는 주된 동기는 철저한 시장확보의 관점이라고 말할 수 있을 것이다. 시장을 분석하고 생산기반을 구축하고, 국제적 생산 경쟁력이 있을 때에는 생산된 제품을 해외 판매망을 통해 제조 공급원으로서 활용하지만, 시장성이 위축되거나 국제경쟁력을 잃는 경우엔 비정하리만큼 미련없이 떠난다. 전형적인, 그러나 당연하다고 느껴지는 자본주의 형태를 볼 때마다, 지난 몇 해 동안 우리의 생산 경쟁력이 해마다 떨어지는 현실이 안타까웠다.

우리 것의 장점

사람에 따라, 회사에 따라 관점이 달라 여러 가지 의견이 다양하겠기에 필자가 느낀 몇 가지만 지적하자.
- 신속성과 통일성
- 책임감과 결단성
- 헌신성

단적인 예를 들어보자. 미국의 최고경영자가 어느 회사를 방문했을 때, 회사 정문에서 사진을 찍는다고 하기에 기왕이면 종업원과 같이 찍으면 어떻겠냐고 제안하여 전 종업원에게 사진촬영이 있으니 작업을 중지하고 1분 간 사진촬영을 한 후에 다시 작업에 임하자고 방송을 했다. 우르르 모여서 사진 찍고 다시 작업에 복귀한 것이 3~5분 간 이루어졌는데, 외국 사람이 보기에는 참 신기했던 모양이다. 군대도 아닌데 어떻게 그렇게 말도 잘 듣고 일사불란하게 신속히 움직이는지 놀라웠다며, 두고두고 얘기하는 것을 보았다.

훌륭한 경영성과는 말할 것도 없거니와, 이러한 팀워크와 완벽한 정리·정돈은 그룹 내 여러 회사의 벤치마킹 자료가 되었다.

2

영업 및 관리

　서문에서 이론서가 아닌 실천서로서, 실제 사례 위주로 기술하겠다고 밝힌 바 있다. 앞 장까지는 이런 방향으로 초점을 맞추어 경영철학 및 방침을 얘기하다 보니 추상적이고 개념적인 요소가 많았던 것 같다.

　이제부터 언급하게 될 각 부문별 내용은 초점을 실제 사례와 모범 사례 위주로 맞추고자 한다. 즉 각 부문별 전체 내용의 흐름을 대략 개관한 후 필자가 추진한 실행 사례를 간단히 소개한 후에, 나름대로 성공적이었다고 판단하는 몇 가지 예만 선택하여 실제 사용한 양식과 방법을 소개하고자 한다. 따라서 읽는 이에 따라 어떤 부분은 흐름과 연관성이 부족하고 비약이 있어 이해하기가 쉽지 않을 수도 있다. 한정된 지면에 실제 사례에 입각한 내용을 중시하다 보니 그렇게 될 수밖에 없었음을 양해하기 바란다.

　또한 이해할 수 있는 범위를 벗어나지 않는 한도 내에서 보안관계상 일부 문자나 수치, 단어를 삭제하거나 임의의 기호로 대체토록 하여 선의의 피해자가 없도록 배려했다(실제 실천한 내용대로 가감 없이 소개한다는 취지에 최대한 충실하려고 하였으나, 보안문제는 예상외로 많은 관계 당사자의 입장을 고려하지 않을 수 없었음을 밝힌다. 가능한 한 자료의 익명성을 지키되 이해를 돕기 위해 회사명은 XYZ로, 제품이나 모델 명은 MMM으로, 고객 명은 ZZZ로, 금액은 WWW로, 일자는 YYY로, 부서명은 DDD 등으로 교체하여 표기했으니 자료해석시 유추해주기 바란다).

10

종합관리

이제껏 앞 장에서 얘기한 내용과 중복이 많을 것이므로 최고경영자가 챙겨두어야 할 몇 가지 사항만을 질문형으로 간단히 확인해보고, 가장 중요하다고 생각하는 다음 사업 년도의 예산자료 준비와 업무목표의 구체화에 대해 좀더 상세히 짚어보기로 하겠다.

전반적인 사항

(1) 종업원과 다음 1년 간 계속적으로 갖고자 하는 대화의 내용과 방법이 서 있고, 그것의 효과적인 수행 여부를 측정할 수단이 마련되어 있는가?

(2) 회사의 비전, 목표, 목적이 뚜렷이 제시되어 있으며, 구체적인 항목의 측정방법이 규정화되어 있는가?

(3) 우리 회사의 업무조직은 최고의 강점을 발휘하도록 정비되어 있고, 강점 요소별로 측정하고 점수화할 수 있는 수준까지 규

정이 수립되어 있는가?

(4) 각종 회의와 보고서는 1년 간 운용되도록 미리 공표되고 책임과 권한에 따라 운영에 차질이 없도록 전달되었는가?

(5) 우리 회사에서 전 종업원에게 인식시킬 대화의 내용은 무엇이며, 그것의 간판방식화는 준비되었는가?

(6) 금년에 수행할 우수 사례 세 가지는 무엇인가?

다음 사업년도 상세 계획

1. 부문별 · 개인별 연간 업무목표서 작성

우선 각 부문별로, 그리고 영업 및 판매부문은 각 팀별로 또는 개인별로 다음 사업년도에 수행할 자기 자신이나 자기 부서 업무를 심사숙고하여 업무목표서로 작성하되, 모든 활동을 측정가능할 정도로 수치화하여 업무목표서 양식에 기입토록 했다.

A TYPE

<u>XYZ Unit : XX Industry</u>

1)<u>Current Business Position</u>:

	Including China	Excluding China	Forecast
YTD bookings :	$1445K	$553K	$915K
Sales	$1300K	$960K	$1300K

Overall booking figures higher from processing of China tax exempt orders.

Bookings shortfall by $380K due to extended payment terms requests by mills.

Sales shortfall due to delivery delays by customers.

2)<u>Outlook for year 2000</u>:

Regional economies are recovering and have posted better than expected growths except Indonesia.

Project activities are expected to be few and may have difficulties getting financial support. These have been active for quite a while, but waiting for financial assistance.
Indonesia : APRIL - Riau Pulp Expansion, Meka Box - XYZ Paper Machine
Malaysia : Kajang XX, North Malaya Paper, Pascorp XX
Thailand : Asia Kraft Paper Machine
Vietnam : Rebuilds of Viet Tri : XX, Hoang Van Thu Paper & Tanmai XX

3)<u>Competitions</u>

MMM clones from Taiwan are active in Indonesia and Malaysia.

4)<u>Major Issues and Opportunities Issues</u> :

<u>Issues</u>
1. Extended Payment terms request by customers.
2. XYZ market share increasing and our weak OEM relations.
3. Customer making "multiple price checks" before purchasing decisions

<u>Opportunities</u>
1. China tax exempt projects
2. Base load business to increase due to over use of equipments in last 2 years.
3. Promotion of cooling towers as mills are under environmental pressure to reduce water use
4. Shower driver sales. Most mills have non Electro-Mechanical drivers.

INDUSTRY-TOP 3 OBJECTIVES / INITIATIVES
XYZ UNIT - YY INDUSTRY

1)To continue providing solution sales effort by doing
2)To promote base load business thru offerings of low cost products
3)To enhance project sales and XY brand thru improved internal and external customer services.

Initiatives to achieve goals and objectives.
Goals : Bookings $1800K   Sales $1800K   Contribution:24%

Objective No1
A) Target selected YY with full operating capacity to perform YY audits.

B) Offers Y improvements in different phases to help purchase financing.
   Timing : Thru 'out 2000 Measurements : 30 YZ surveys,$350K of Total Bookings

Objective No2
A)Target selected XX with X width under 5 meters for XXX promotion.
Timing : Thru 'out 2000 Measurements' XYXY

B)Target selected Y with full operating capacity and experiencing scale built up.
by offering XYZ XYZ inspection service.
Service flyer to be mailed along with every MM quotes to raise customer awareness.
Timing : Thru 'out 2000 Measurements' XYZ

C)Product Partnership Promotion-Promote XYZ
Timing : Thru 'out 2000 Measurements' : 5 units of XYZ

Objective NO3
A)Continue with product and application exposures for paper reps thru field visits and training
Timing : XX rep training - 1QTR 2000, YY presentation w/selected

B)Leverage off XY facilities to provide improved customer service to enhance project sales for tax
exempt projects.
Timing : Thru out 2000   Measurement : Meet Bookings/Sales

C)To continue with "Hit list" quotation follow up by sales and application personnel thru greater
use of phone contacts.
Timing : Thru out 2000   Measurement : 60% Quote/Order Conversion

이때 각 부문별로 〈표 6-1〉에서 살펴본 바와 같이 수익성, 성장 및 안정의 우선순위에 따라 1년 간의 중점 수행사항을 정하고 측정방안과 측정시기를 생각하여 〈자료 10-1〉이나 〈자료 10-2〉와 같은 양식에 기입하여 제출토록 하고, 이듬해 매분기말(주로 분기말이 측정시기임)에 자기 자신이 스스로에 대한 평가를 하면서 확인토록 했다.

이 때 영업부문에서는 수치화가 쉬우면서도 경영성과에 직결되는 각 팀별 또는 개인별 수주·매출·매출총이익 목표가 가장 중시되고 강조된다.

회사의 주요 목표와 부문별 목표, 개인별 목표를 위에 기술한 바와 같이 정리해보자. 필요한 경우엔 이와 똑같은 형태로 각 부문별로, 부문 내에서 하부로 계속 전개시켜 동일한 형태의 소 팀별, 개인별 목표를 작성토록 하고 각 부문 장이 확인토록 하면 완벽해질 것이다.

2. 연간 업무계획과 예산 패키지의 수립

각 부서의 업무 목표 중 수익성 부문을 위주로 취합해보자. 연간 업무 계획을 세우는 데 필요한 수주, 매출 계획과 생산, 투자, 인원 계획을 확정할 수 있을 것이며, 이에 따른 연간 재무제표 형식의 예산 작업이 가능해질 것이다(광의로 이 모든 내용을 예산 패키지라고 하자).

- 우선 해마다 10월경에 다음 해의 예산작업에 들어가는 것이 좋겠다.
- 먼저 각 영업담당자는 다음 사업년도 수주·매출·매출총이익 계획을 세워 예산서에 반영토록 한다.

—수주계획표, 〈자료 10-3〉 부문별 수주계획표 참조

─매출계획표, 〈자료 10-4〉 부문별 매출계획표, 〈자료 10-5〉
  상품별, 월별 매출계획표 참조
- 이에 따라 수주 및 매출총액을 집계해 〈표 10-6〉과 같이 매출
  계획표를 작성하고
- 〈자료 10-7〉 부문별, 제품별 매출계획을 세운다.
- 이에 근거하여 〈자료 10-8〉 예산서 내용을 완성한다.

이 작업은 보통 1~2차의 수정 · 보완을 통하여 12월 중순까지는
완료토록 한다. 처음엔 시행하기가 힘들 것 같으나, 한두 번 시행하
여 익숙해지면 별 어려움이 없을 것이다. 그러면 사업년도의 예산
과 부문별 · 인원별 업무목표의 수치화 및 측정방안 등 모든 준비가
완료된 셈이다.

B TYPE

YYY Objectives

Confidential

REV. : 0
DATE :

| Name : | Supervisor : |
| Job Title : | Date : |

Priority # 1 : Contract / Shipment / Contribution (Gross margin)

◉ 99 Exch. Rate : KWN 1,200/1US$
◉ 00 Exch. Rate : KWN 1,130/1US$

Objective	Initiatives	Measures					Timing	Status (G/Y/R)				Remarks
			1999 Actual		2000 Plan			Q1	Q2	Q3	Q4	
			KWN (Mil)	US$	KWN (Mil)	US$						
1. Achieve Booking Target		XY	869	723,799	461	407,699	F.Y					* Note : Data of 1999 actual in GIP amount includes chemical job but 2000 plan is calculated except it.
		YZ	271	225,918	280	247,788	F.Y					
2. Achieve Shipment Target		ZX	617	514,167	542	479,735	F.Y					
		XX	256	213,253	280	247,788	F.Y					
3. Achieve Contribution Target (Gross Margin)		YY	164 36% (in booking)	136,345 36% (in booking)	138 30% (in booking)	122,310 30% (in booking)	F.Y					• Gross margin ignored fixed cost so as to compare by apple to apple , so considered material cost of sales only
		ZZ	145 54% (in booking)	121,020 54% (in booking)	140 50% (in booking)	123,894 50% (in booking)	F.Y					

자료 10-2

YYY   Objectives

Confidential

REV. : 0
DATE :

Name :	Supervisor :
Job Title :	Date :

Priority # 2 : Growth Initiatives, Lower sales cost strategy.

Objective	Initiatives	Measures	Timing	Status (G/Y/R)				Remarks
				Q1	Q2	Q3	Q4	
1. GROWTH INITIATIVES	• Encourage to agent activity by the lower sales cost through using delta pump and flexible price strateg to keet the market share.	• Using M if possible, reduce the cost about 10% compare to MM at this year. • Reduce the normal delivery time 4.0 months in MMM to 3.0 months through MM sizing & selection.	F.Y					• When achieved − point 5 Not achieve − point 0
	• Passionate & active attitude in sales & marketing.	• Evaluate sales attitude in agent by a point.	QTRY					• Visiting time 　− more one time per week : point 5 　− only one time per week : point 3 　− no visiting per one week : point 0
		• Evaluate booking target evaluation.	QTRY					• Book/Ship amount 　− Over achievement : point 5 　− 90−100% achievement : point 4 　− 80−90% achievement : point 3 　− 70−80% achievement : point 2 　− 60−70% achievement : point 1 　− below 70% achievement : point 0
		• Set a monthly reporting system from agent.						• One time report in a month. 　− Refer to attached report format.

YYY   Objectives

Confidential

REV. : 0
DATE :

Name :	Supervisor :
Job Title :	Date :

Objective	Initiatives	Measures	Timing	Status (G/Y/R)				Remarks
				Q1	Q2	Q3	Q4	
Priority # 3 : Management of Agent								
1. ENDURANCE A. XY	• More frequent visit & communicate with agent & customer.	• One time visit per week at least and report at monthly sales report & visiting report in every month.	F.Y					Refer to attached new visiting report
	• Optimizing evaluation system of agent.	• Settle down a new reporting system of agent in order to develop a (new) market	F.Y					Refer to attached new visiting report
	• Reduce time for document work by the O.A system.	• Set up file linkage system in sizing data.	1Q					Refer to attached sample
	• Improve a self−capability in market system.	• Through visit & application study, improve myself to the goal until never depend to others XYZ	F.Y					
B. YZ	• Reduce time for document work by the O.A system.	• Set up all identity numbers along with index, part & specification.	F.Y					
C. Developing a personal capability / ability	• XYZ	• Translate a I.O.M manual to Korean letter.	QTRY					1Q : Training Manual in Price Book 2Q :　　　　IOM manual 3Q :　　　　IOM manual 4Q :　　　　IOM manual
	• More quick responsiveness to customer's satisfaction & evaluation.	• All of parts offer which is produced by Korean maker could be replied in one day. • All of parts offer which is produced by overseas maker could be replied in three days. • All of XY should be replied in 3 days.	QTRY					• keep − point 5 one day delay − point 3 two days more delay − point 0 −−> evaluation : 　　get above 95% point (G) 　　80−90% point (Y) 　　below 80% (R)
	• Periodic report a Korean market condition.	• Submit a report of market competition & conditions a one time per half year.						

Confidential

YYY Objectives

REV. : 1
DATE :
UNIT : '000 KWN

Name :	Supervisor :
Job Title :	Date :

Objective	Initiatives	Measures	Timing	Status (G/Y/R)				Remarks
				Q1	Q2	Q3	Q4	
Priority **1. FINANCIAL PERFORMANCE**								
1). ACHIEVE PROFIT PLAN	A. REDUCE PURCHASING COST.	1999 A 2000 P AMOUNT 7%	FY					• MONTHLY REPORT
2). IMPROVE WORKING CAPITAL MANAGEMENT	B. INCREASE INVENTORY TURNS	Ref. : 5.23	QTR					•ATTACHMENT #1 • INVENTORY REPORT
2. GROWTH 1). IMPROVE PURCHASING COST.	A. VENDOR DEVELOPMENT	0 ITEM	QTR					•VENDOR SELECTION REPORT
	B. EXPLOIT LOW COST MFR.	5 ITEM	QTR					•ATTACHMENT #2 •VENDOR SELECTION REPORT •ATTACHMENT #3
3. ENDURANCE 1). IMPROVE PRODUCT EFFICENCY & EMPLOYEE CAPABILITY	A. IMPROVE TRAINING & EDUCATION	HRS / EMPLOYEE	QTR					•COMMUNICATION EDUCATION (TWO EMPLOYEE : 3 HR /1 WEEK)
	B. IMPROVE ENGLISH TRAINING	HRS / EMPLOYEE	QTR					•ACADEMY SCHOOL (THREE EMPLOYEE : 3.5 HR / SIX MONTH)
2). IMPROVE I.S ABILITY & FINANCIAL ANALYSIS	A. IMPLEMENT COST ANALYSIS AND ACCOUNTING PROCESS	E.R.P SOFT WARE OPERATION	QTR					•E.R.P PROGRAM OPERATION PRESENTATION •ATTACHMENT #4

99 部門別 수주계획

LOCAL CURRENCY(LIST PRICE)
EXCHANGE PATE : KWON1.300/USD
UNIT : 000 WON

REV. NO   :
PREPARED BY :
DATE   : 11/04/98

SECTION	PROJECT NAME	AMOUNT	EST.BKG DATE	REMARK
REV.2	TAEAN#5/6(KEPCO)	525,000	4Q	
	CAMBODIA(DAELIM)	70,000	2Q	
	KONDAPALL (HANJUNG)	120,000	1Q	
	MALACCA (HANJUNG)	320,000	3Q	
	YULCHON#1/2 (HYUNDAI)	200,000	2Q	
	OTHER PROJECTS	123,500	1Q~4Q	ADDED 10% OF SUB-TTL($95,000)
	SUB-TOTAL	1,358,500	(A)	$1,045,000
	INDIAN JOBS	1,300,000	(B)	$1,000,000
	1. BAKERSWAR(DCIPSL)	162,500	3Q	
	2. KORBA (DCIPSL)	187,200	3Q	
	3. SIMHADRI (M&M/NTPC)	249,600	3Q	
	4. GEB GANDHINAGAR(ENEGRO)	26,000	4Q	
	5. KORBA (ABB)	325,000	4Q	
	6. BHILAL POWER(L&T)	187,200	4Q	
	7. PANIPAT TPS(BHEL)	162,500	4Q	
	TAIWAN JOBS	195,000	(C)	$150,000
	1. TALIN #4	195,000	2Q	
	KOREAN JOBS	406,900	(D)	$313,000
	1. HD MARINE CEU	234,000	3Q	
REV.2	OTHER PROJECTS	172,900	FULL QTR	ADDED 10% OF SUB-TTL($1,330,000)
	SUB-TOTAL	1,901,900	(B+C+D)	$1,463,000
	TOTAL	3,260,400	(A+B+C+D)	$2,641,000

NOTE   REVISION HISTORY
       REV.0 09/25/98 FIRST ISSUE
       REV.1 10/23/98 ADDED USD AMOUNT FOR REFERENCE.
       REV.2 11/04/98 INCREASED 10% AS OTHER PROJECTS.
       INQUIRY   : WON 296,400
       OTHER PROJECT : WON 2,964,000
       (UNCERTAIN PJTS)

99 部門別 매출 계획

List price
Local currency(000')
Ex Rate : 1,130

Rev.: 2
Date:DEC.27,1999
Prepared by:

	Customer	Project Name	Amounts	Amounts(USD)	Shipping Date	Model	Comm.	Section	Remark
Backlog	Indure	Korba TPS	175,150	$155,000.00	03-31-00				From previous year
	Indure	Korba TPS	175,150	$155,000.00	04-30-00				From previous year
	DCIPSL		210,712	$186,471.00	01-31-00				From previous year
	Toshiba	Daphol	250,408	$221,600.00	01-10-00				561,012
	BHEL	Kovikallapal	143,962	$127,400.00	01-31-00				
	TEP	Anegasaki	180,800	$160,000.00	02-23-00				
	KEP	Dangjin #4	395,145	$349,685.84	02-15-00				
	KEP	Taean #5	275	$243.36	05-31-00	Foundation			
	KEP	Taean #5	180,300	$159,557.52	06-30-00				
	KEP	Taean #6	275	$243.36	12-31-00	Foundation			
	KEP	Taean #5&6	3,850	$3,407.08	06-30-00	Spare parts			
	HYUN	ILIJAN	158,200	$140,000.00	01-30-00				
S.Total		50%	1,874,227	$1,658,608.16					
Forecast	Hyundai	HARIPUR	95,000	$84,070.80	11-15-00				
	KEP	Pungtaek	9,500	$8,407.08	05-15-00				
	KHIC		80,000	$70,796.46	11-15-00				
	Others		200,000	$176,991.15	Full year				
	Total						-		
	MHI	AES PARANA	180,800	$160,000.00	09-30-00				
	TOSHIBA	HINKURT	316,400	$280,000.00	12-30-00				
	TOSHIBA	RAMAGUNDAM	101,700	$90,000.00	12-30-00				
	BHPV		282,500	$250,000.00	08-30-00				
	ENEGRO	GEB GANDHINAGA	180,800	$160,000.00	08-15-00				
	HYUN	Marine	200,000	$176,991.15	06-30-00				
	HYUN	Marine	200,000	$176,991.15	12-30-00				
	Total		1,462,200	$1,293,982.30			-		
S.Total		50%	1,846,700	$1,634,247.79			-		
G.TOTAL			3,720,927	$3,292,885.96			83,476		

99 製品別, 月別 매출 계획

REV : 3
DATE
PREPARED BY

LOCAL CURRENCY

CLASS	ITEM	JAN	FEB	MAR	APR	MAY	JUN	JUL	AUG	SEP	OCT	NOV	DEC	TOTAL
	AA	2	2	2	2	2	2	2	2	2	2	2	3	25
	AMOUNT	6,914,880	6,914,880	6,914,880	6,914,880	6,914,880	6,914,880	6,914,880	6,914,880	6,914,880	6,914,880	6,914,880	10,372,320	86,436,000
	BB	5	5	7	5	5	5	5	5	5	9	5	4	65
	AMOUNT	29,000,800	29,000,800	40,601,120	29,000,800	29,000,800	29,000,800	29,000,800	29,000,800	29,000,800	52,201,440	29,000,800	23,200,640	377,010,400
	CC	2	2	2	2	2	2	2	3	3	4	3	3	30
	AMOUNT	13,023,360	13,023,360	13,023,360	13,023,360	13,023,360	13,023,360	13,023,360	19,535,040	19,535,040	26,046,720	19,535,040	19,535,040	195,350,400
	DD	11	7	29	21	7	7	13	7	7	14	7	7	137
	AMOUNT	108,464,620	69,022,940	285,952,180	207,068,820	69,022,940	69,022,940	128,185,460	69,022,940	69,022,940	138,045,880	69,022,940	69,022,940	1,350,877,540
	EE	16	6	24	13	6	6	6	6	6	16	6	6	117
	AMOUNT	388,010,480	145,503,930	582,015,720	315,258,515	145,503,930	145,503,930	145,503,930	145,503,930	145,503,930	388,010,480	145,503,930	145,503,930	2,837,326,635
	FF	1	1	1	1	1	1	1	1	1	1	1	2	13
	AMOUNT	7,034,580	7,034,580	7,034,580	7,034,580	7,034,580	7,034,580	7,034,580	7,034,580	7,034,580	7,034,580	7,034,580	14,069,160	91,449,540
	GG	2	2	2	2	2	2	2	2	2	2	3	3	26
	AMOUNT	17,955,000	17,955,000	17,955,000	17,955,000	17,955,000	17,955,000	17,955,000	17,955,000	17,955,000	17,955,000	26,932,500	26,932,500	233,415,000
		0	1	1	1	1	1	1	1	1	1	1	0	10
	AMOUNT	–	13,984,740	13,984,740	13,984,740	13,984,740	13,984,740	13,984,740	13,984,740	13,984,740	13,984,740	13,984,740	–	139,847,400
		1	1	1	1	0	0	0	0	0	0	0	0	4
	AMOUNT	19,967,220	19,967,220	19,967,220	19,967,220	–	–	–	–	–	–	–	–	79,868,880
		2	2	2	2	2	2	2	2	2	2	3	3	26
	AMOUNT	23,524,200	23,524,200	23,524,200	23,524,200	23,524,200	23,524,200	23,524,200	23,524,200	23,524,200	23,524,200	35,286,300	35,286,300	305,814,600
QUANTITY TOTAL		42	29	71	50	28	28	34	29	29	51	31	31	453
AMOUNT TOTAL		613,895,140	345,931,650	1,010,973,000	653,732,115	325,964,430	325,984,430	385,126,950	332,476,110	332,476,110	673,717,920	353,215,710	343,922,830	5,697,396,395
		0	1	0	0	1	0	0	1	1	1	0	0	5
	AMOUNT		24,000,000			100,000,000			22,700,000	25,000,000	25,000,000			196,700,000
		0	2	0	0	0	0	0	0	0	0	3	0	5
	AMOUNT		180,800,000									250,800,000		431,600,000
		0	0	1	0	0	0	0	0	0	1	0	0	2
	AMOUNT			73,800,000							30,000,000			103,800,000
		0	2	0	0	0	4	0	0	2	2	4	6	20
	AMOUNT		71,150,000				200,000,000			100,000,000	100,000,000	175,000,000	301,700,000	947,850,000
		2	3	0	0	0	3	0	5	0	0	0	0	13
	AMOUNT	143,962,000	395,145,000				180,300,000		463,300,000					1,182,707,000
		4	0	0	0	0	0	0	0	2	0	0	0	6
	AMOUNT	250,408,000								180,800,000				431,208,000
		0	0	0	0	0	0	0	2	0	0	0	0	2
	AMOUNT								36,000,000					36,000,000
		0	0	0	10	1	0	0	0	10	0	0	0	21
	AMOUNT				85,000,000	9,500,000				85,000,000				179,500,000
		1	0	0	0	0	0	0	0	0	0	0	0	1
	AMOUNT	6,000,000												6,000,000
		0	0	0	0	1	0	0	0	0	0	0	0	1
	AMOUNT					30,000,000								30,000,000
		0	0	0	0	0	0	0	0	0	0	1	0	1
	AMOUNT											108,000,000		108,000,000
QUANTITY TOTAL		7	8	1	10	3	7	0	8	15	4	8	6	77
AMOUNT TOTAL		400,370,000	671,095,000	73,800,000	85,000,000	139,500,000	380,300,000	–	522,000,000	390,800,000	155,000,000	533,800,000	301,700,000	3,653,365,000
G. TOTAL (QUONTITY)		49	37	72	60	31	35	34	37	44	55	39	37	530
G. TOTAL (AMOUNTS)		1,014,265,140	1,017,026,650	1,084,773,000	738,732,115	465,464,430	706,264,430	385,126,950	854,476,110	723,276,110	828,717,920	887,015,710	645,622,830	9,350,761,395

00 매출 계획

Rev.: 1
Date:
Prepared by:

List price Local currency(000')		Actual	Actual	Actual	Actual	9/30/99 Forecasted	(A) Plan	(B) Revised12/27			
		1995	1996	1997	1998	1999	2000	2000R	2000R/1999	2000R/1998	2000R/1997
내 수	영업 I	3,455,425	4,392,613	2,451,649	4,689,250	3,089,420	3,271,145	3,720,927	120%	79%	152%
	영업 II	553,537	342,209	559,462	835,546	868,914	844,230	844,230	97%	101%	151%
	영업 III	811,206	351,564	155,970	335,449	604,758	542,100	542,100	90%	162%	348%
	영업 IV		21,642	188,429	203,409	278,442	280,000	280,000	101%	138%	149%
	영업 V	155,297	198,786	212,391	103,258	348,947	310,000	310,000	89%	300%	146%
	영업 VI	122,222					454,000	476,700			
Total		5,097,687	5,306,814	3,567,901	6,166,912	5,190,481	5,701,475	6,173,957	119%	100%	173%
%	/G.Total	76%	57%	54%	72%	54%	60%	62%			
수 출		1,628,925	4,029,027	2,993,077	2,383,736	4,480,406	3,820,990	3,820,990	85%	160%	128%
%	/G.Total	24%	43%	46%	28%	46%	40%	38%			
G.Total		6,726,612	9,335,841	6,560,978	8,550,648	9,670,887	9,522,465	9,994,947	103%	117%	152%
Net Income		788,540	1,437,807	1,081,152	1,081,984	959,303	658,878				

Rev.-Orig   472,482

OO 部門別, 製品別 매출계획

Rev.: 4
Date:
Prepared by:

Local Currency (000's)

		국내영업I	국내영업II	해외영업I	해외영업II	해외영업III	Consolidated
제품 A	Trade		3,720,927 (C)	476,700 (A)			4,197,627
	Interco.		(E)	(D)		816,779 *	816,779
	Total	0	3,720,927	476,700	0	816,779	5,014,406
제품 B	Trade	844,230			542,100		1,386,330
	Interco.					2,993,493 **	2,993,493
	Total	844,230	0	0	542,100	2,993,493	4,379,823
A/M - Parts	Trade	90,000	150,000		40,000		280,000
	Interco.						0
	Total	90,000	150,000	0	40,000	0	280,000
A/M - Service	Trade	120,000	110,000		80,000		310,000
	Interco.					10,718 ***	10,718
	Total	120,000	110,000	0	80,000	10,718	320,718
Consolidated	Trade	1,054,230	3,980,927	476,700	662,100	0	6,173,957
	Interco.	0	0	0	0	3,820,990	3,820,990
	Total	1,054,230	3,980,927	476,700	662,100	3,820,990	9,994,947

NOTE
1.Exchange rate : 1,130WON/1USD(12/27/99 From 1,200 To 1,130/1$)
2.Based on Booking forecast submitted by
3.Based on this year data cumulated until August end
4. *. Including
  **. Including
  ***.Including
(A).(10/12/99): Based on
(B).(10/18/99): 1)From Ex-work price to F.O.B. price. 2)Change of Model(All s.s.).
(C).Including spare parts
(D).Changed of exchange rate and up 5% against previuos planed.
(E).Changed of exchange rate and From previous year(561,012kwon).

199X Annual Operating Plan

(Subsidiary:)

Rev. : 0

Date :

Prepared by :

1. Earnings Statement(Schedules 1-7)

Schedules 1 - Consolidated(총괄)

Schedules 2 - 제조부문

Schedules 3 - 영업 I. II. III. IV.

Schedules 4 - 시장별

Schedules 5 - 수출, 내수별

Schedules 6 - 제품별

Schedules 7 - G&A, Other Income (Expenses), Taxes

2. Balance Sheet (Schedules 8)

3. Cash Flow (Schedules 9)

4. Manpower (Schedules 10)

5. Capital Expenditures (Schedules 11)

11

영업 및 판매

판매계획, 판매관리, 판매활동 및 마케팅 등으로 나누어 실제 사례 위주로 설명하고자 한다. 무엇보다도 강조해야 할 사항은, 오늘날과 같이 공급이 수요를 넘어 극심한 경쟁상황에서 가격할인 등으로 영업수익 창출을 가늠하기가 어려운 실정이라 하더라도 영업부문을 수익센터로 간주하여, 어느 영업부문, 또는 어느 개인이 목표만큼 수익을 성취해내는지를 분석할 수 있는 틀을 갖추어놓는 일이라 하겠다. 영업 팀을 어떻게 나누어 운용할 것인가는 회사마다 다르겠으나, 예를 들어 내수 및 수출별로, 지역별로, 제품종류별로, 또는 산업부문별 시장수요에 따르는 등 여러 가지 방식이 있다.

중소기업에서는 인력을 충분히 투입하기가 힘들다 해도 팀을 나누어 독립채산식 손익계산을 시도해봄으로써 이익달성이나 목표달성을 검증해볼 수 있는 측면뿐만 아니라, 장래에 회사의 경쟁력 있는 부문·제품·시장 등의 파악이 가능해진다. 그리고 경쟁력 강화를 위한 대책 수립 측면에서 영업부문의 각 팀별 수익센터 개념은 충실히 집행해볼 만한 가치가 있다.

판매계획

중소기업에서 가장 취약한 점이 판매관리(sales management)와 기획(plan)부문이라 판단된다. 중소기업 제품이 갖는 한계성으로 인해 영업 및 판매를 전문적으로 전공한 우수 인력을 보유·배치하기가 힘들고, 대부분의 경우에 그 상품부문에 약간의 지식만 가진 비영업전공 인력이 현실여건에 따라 영업을 맡게 마련이다. 외부기관을 통해 판매 및 영업관련 교육훈련을 실시하더라도 대기업체의 전문가와는 다르기 때문이다. 해당 제품의 문제를 본질적인 면에서 인식하고, 창조적인 전략을 통해 실행계획을 짜는 일 등엔 서툴러다만 흉내만 내는 영업요원이 되기 십상이기 때문이다.

내부 경영기법도 중요하지 않은 것은 아니지만 기업의 존폐 여부나 기업경영 자체의 핵심요소를, 외부 환경변화에 대한 적응속도로 파악하는 것이 오늘날의 극심한 경쟁체제에서 살아남기 위한 대세다. 외부환경 변화에 맞추어 적응해 나아가기 위한 방안을 강구하는 전략경영의 중요성을 가장 깊이 인식해야 할 사람은 최고경영자다. 그 다음은 영업부문으로서 상대적으로 다른 부문보다도 더 중요하다 할 것이다. 아니, 경우에 따라서는 영업부문의 정보가 사장에게 효과적으로 전달되어야 하는 만큼 이러한 변화에 적응하기 위한 정보와 수요에서의 최전선 투사는 영업사원이라고도 할 수 있을 것이다.

따라서 이러한 외적·내적 환경변화에 따른 우리의 강점과 약점, 위협요소와 기회분석을 해보고, 그 기회에 맞추어 임기응변적이며 신축적인 영업전략과 판매계획을 세우는 일에는 영업전문가의 예리한 주의력이 필요하다 하겠다.

따라서 판매계획은 핵심 영업사원 모두가 바쁘더라도 짬을 내어 다 같이 참여하여 판매전략 회의를 갖는 형태로서, 문제점을 인식하고 전략을 세우고 팀워크에 의한 실천계획을 구상해야 한다(그 방법과 절차는 자료 11-1 참조).

그러면 판매계획을 어떻게 작성하도록 유도할 것인가?

판매계획 수립 방안 및 안건에 대한 실제사례를 소개해본다.

(1) Where have we been?

  (가) Mission statement(자료 11-2 참조)

  (나) Market statistical review & trends

  (다) Sales history

(2) Where are we now?

  (가) External environment

(나) Market SWOT analysis (internal analysis)

(다) Market forecast (regional, industry별)

(라) Competitor analysis

(3) Where do we want to go?

(가) Mission statement

(나) Prioritization and value of opportunity

(다) Strategy

(4) How do we get there?

(가) Sales/marketing action plan

(나) Time table & responsibility assignment

(다) Key account customer list

회사별로, 제품별로, 시장별로 제각기 차이가 있겠지만 판매계획을 수립하기 위한 대충의 윤곽을 〈자료 11-3〉에 정리했으니 참고하기 바란다.

이렇게 하여 도출된 실행계획에 따라서 영업부서별(또는 각 담당자별)로 수주계획과 매출계획을 10장에서 기술한 바와 같이 〈자료 10-1〉과 〈자료 10-2〉와 같이 각각 작성하고 자기 확인을 위한 연간 계획서를 작성·제출토록 함으로써 일할 준비는 이제 완전히 갖추게 되는 단계에 이른 것이다.

한 가지 아쉬운 점은 실행계획과 판매계획의 실제자료를 공개하기가 어려운 점이다.

대부분의 회사에서 일반적으로 가장 핵심적인 관심사항은 영업 및 판매의 문제이고, 실제 판매계획의 작성 실례를 빼놓고서는 얘기하기가 어렵다. 이 주제는 고객 이름과 프로젝트 리스트 및 고객의 투자계획에 따른 투자시기와 투자금액, 그리고 판매측의 전략과

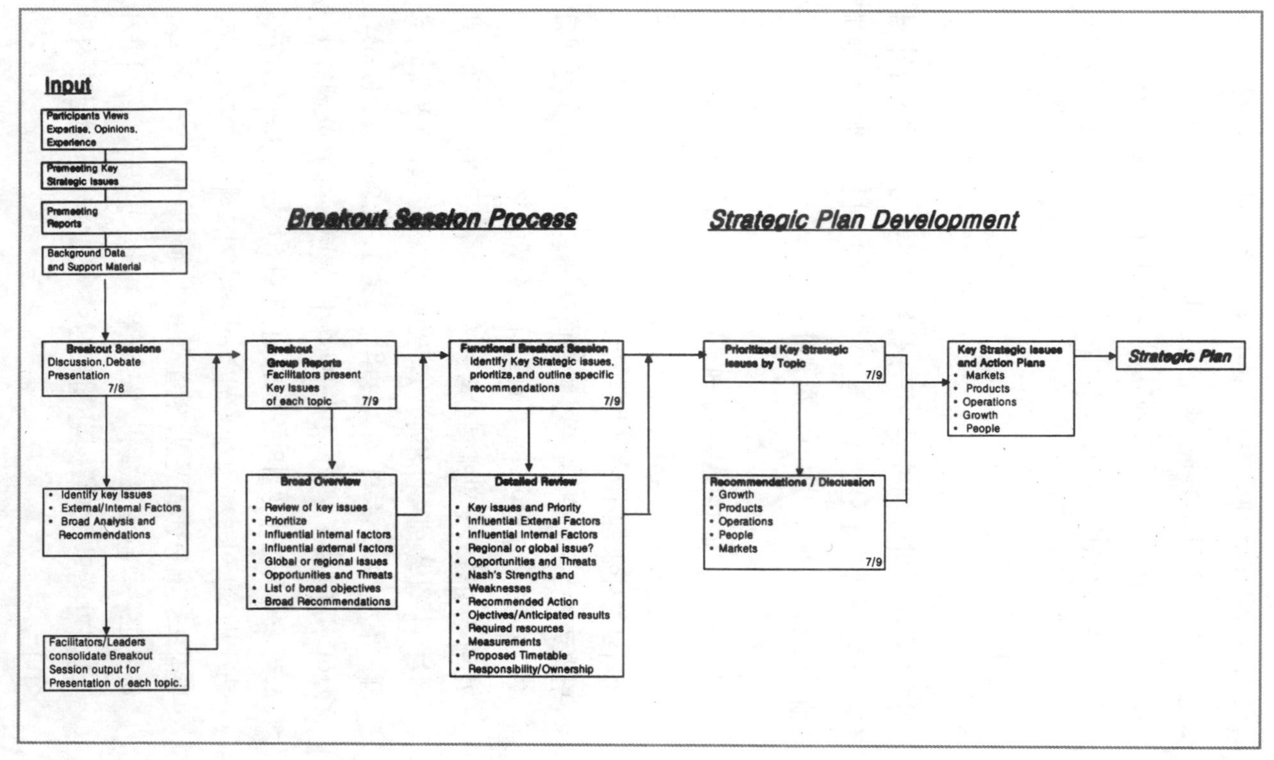
Input
Participants Views
Expertise, Opinions,
Experience
Premeeting Key
Strategic Issues
Premeeting
Reports
Background Data
and Support Material
Breakout Sessions
Discussion, Debate
Presentation
7/8
• Identify key issues
• External/Internal Factors
• Broad Analysis and
Recommendations
Facilitators/Leaders
consolidate Breakout
Session output for
Presentation of each topic.
Breakout Session Process
Breakout
Group Reports
Facilitators present
Key Issues
of each topic   7/9
Broad Overview
• Review of key issues
• Prioritize
• Influential internal factors
• Influential external factors
• Global or regional issues
• Opportunities and Threats
• List of broad objectives
• Broad Recommendations
Functional Breakout Session
Identify Key Strategic issues,
prioritize, and outline specific
recommendations
7/9
Detailed Review
• Key issues and Priority
• Influential External Factors
• Influential Internal Factors
• Regional or global issue?
• Opportunities and Threats
• Nash's Strengths and
Weaknesses
• Recommended Action
• Ojectives/Anticipated results
• Required resources
• Measurements
• Proposed Timetable
• Responsibility/Ownership
Strategic Plan Development
Prioritized Key Strategic
Issues by Topic
7/9
Recommendations / Discussion
• Growth
• Products
• Operations
• People
• Markets
7/9
Key Strategic Issues
and Action Plans
• Markets
• Products
• Operations
• Growth
• People
Strategic Plan

같이 아주 사적이고 개별적인 사항이 너무 많이 개재되어 실제사례로 공개하기엔 부적합하다는 생각이 든다.

가장 핵심적인 사항인 줄 알지만 각 회사에서 자신들의 사례를 위주로 이해하기 바란다.

판매관리

판매계획과 실적의 대비 및 예측, 부실 채권의 방지, 생산과의 협조망 구축, 판매가격 할인 요청 및 영업요원에 대한 인센티브 등에 관해서만 간략하게 짚어보기로 하겠다.

1. 판매 계획과 실적의 대비 및 예측에 대한 관리

- 매월, 첫째주 화요일의 영업회의에서 〈자료 11-4〉와 같은 월별 영업보고서에 의거하여 영업활동을 파악했고, 영업부문별 또는 팀별로 수주 · 매출 · 수주잔고에 대한 갱신을 기하면서, 연말의 수주 · 매출 · 영업이익률을 예측하도록 했다.

- 이 때 사업년도 연말에 예상되는 수주 예측자료, 매출 예측자료에는 각 월별 예측시점에서 그 앞에 있었던 변화 내용대로 삭제 · 추가 · 수정 등의 제 내용을 〈자료 11-5〉와 〈자료 11-6〉과 같이 연기토록 하여 각 영업담당자가 시장정보에 대한 책임감을 느끼도록 하면서 성취의욕을 한 번 더 다짐하는 계기로 삼았다.

- 분기별로는 이렇게 집계된 월별 성과에 기초해 자기 자신이 자발적으로 제출한 부문별, 인별 목표에 계획달성 여부를 적도록 하여(초록색은 목표달성, 노란색은 미달, 빨간색은 주의환기 요) 자기 확인을 의무화한 점은 앞에서도 여러 번 언급한 사항이다.

XYZ Mission Statement

To be a worldwide leader in satisfying customer needs
for selected MM and compressed gas products
and technology, operating at a profit level that insures
prosperity and growth as a privately held company

1993 MM MARKET PLAN STRATEGY

TO DIFFERENTIATE XYZ BY EMPHASIZING OUR HIGHER
EFFICIENCY, MM MAKING KNOWLEDGE AND ABILITY TO
SUPPLY A COMPLETE ENGINEERED MM MACHINE MM SYSTEM
AND MM CLEANING SYSTEM USING THE "SOLUTION SELLING"
APPROACH. USE OUR ENGINEERING KNOW-HOW AND VALUE
ADDED CENTERS TO PROVIDE COMPETITIVELY PRICED
PRODUCTS, SERVICE, AND TECHNICAL SUPPORT.

1993 MM MARKET PLAN COALS

TO INCREASE OUR MARKET SHARE AS FOLLOWS :

	MARKET SHARE		
	1994	1995	1996
N.A.	80%	81%	82%
EUROPE	50%	55%	57%
ASIA	40%	45%	47%

Market Plan

Market _______________________ Country _______________

1. Statement of Strategic Goals – (make it concise)

   (Attain trade bookings of $??? in 1993,'94,'95)

   (Achieve market share of X% in 1993,'94,'95)

   (Other)

   By doing the following:

   (Emphasize our ??? advantages)

   (Concentrate on ??? market segments/regions/customers)

   (Enter new market segments/regions)

   (Change pricing)

   (Introduce new products)

   (Advocate systems approach)

   (Target ??? competitors)

   (Improve value–added component – where?)

   (Introduce service/parts/after–market strategies)

   (Intiate ??? promotion activities)

   (Other)

2. Current Conditions and Projects

   a. Sales history

   b. Industry trends/Economy

   c. Market share changes

   d. Products

   e. Competition

   f. Pricing

   g. Customer Attitudes/Perceptions

   h. Political enviroment

i. Currency fluctuations

3. Marketing Opportunities, Threats, and Problems

a. Exploitable Situations

Conditions which can be turned into improved sales,
profits or market-share.

b. Deterrents/Obstacles

Lack of personnel

Inadequate sales coverage

Fragmented sales effort

Product Quality/Limitations

Pricing factors

4. Tactical Plan

Details of those actions outlined in (1) to achieve
Strategic Goals, with time frame, given the
situations outlined in sections (2) and (3).

5. Key Account Plan

Specific actions required for 1993

Coordination required with other Nash subsidiaries

2. 부실채권방지

분기별로 재무 패키지에 포함되는 채권 리스트를 근거로 부실채권액(aged and insolvency amount)을 매출액 대비 0.2% 이내로 관리토록 했다.

3. 생산과의 협조망 구축

- 수주계약시마다 갖는 계약 검토(contract review) 과정을 거치게 했다. 간단한 계약내용일 때는 부서 간 회람으로, 프로젝트 성격이 강할 때엔 리뷰 미팅을 통해 계약특수 요구사항 및 유의사항 등에 대해 영업부문과 생산부문 간의 협조가 이루어지도록 했다.

- 또 하나의 우수 사례로 적용한 것은, 매월 첫째주 금요일에 가졌던 월간 부서별 업무보고회의에서 수주 · 매출 · 수주잔고 · 확정매출고 관련 자료와 그래프 보고서에 의하여 계획과 실적, 작년대비 현재상황 등을 파악케 하고, 생산업무 계획의 예측과 연말의 매출예상과 생산량 달성에 관한 업무 협조가 이루어지도록 〈자료 11-7〉이 활용되었으니 참고하기 바란다.

이 자료를 일단 수주(booking), 매출 및 수주잔고 리포트(shipping and backlog report)라고 부르기로 한다. 이 자료는 이미 활용하고 있는 곳도 많겠지만, 아주 유익한 정보이므로 약간 부연하여 설명코자 한다.

1) 수주 및 매출 리포트의 검토사항
　　—제품별 · 시장별 수주 및 매출의 계획대비 실적은 어떤가?
　　—목표 미달시 그 원인분석과 대책은?
　　—제품별 · 시장별 수주 및 매출의 지난 해 대비 분석은 어떤가?

―마찬가지로 연말 결과는 어떻게 예측되는가?

―대책으로서 필요시 1개월 또는 3개월 실행계획은?

2) 수주잔고 및 매출확정액(secured-turnover)의 검토사항

―현 시점에서 매출과 수주잔고의 현황은 어떠한가?

―회기 내 남은 기간에 매출확정액(STO)=(기매출액+수주잔고)>매출목표액의 경우, 생산부문에서의 생산용량 및 인력사정 조정관계 및 검토

―남은 기간 동안 매출목표액>매출확정액(STO)=(기매출액+수주잔고)인 경우, 매출목표를 당성하기 위해 수주, 출하해야 할 액수 중 우려되는 계약 예상액이나 실현가능성이 희박한 견적 분에 대한 분석과 대책 등

• 또 한 가지 필요에 따라서 분기나 반기별로 실행했던 예상수주량과 생산부하의 고른 분포와 생산 인력계획을 위하여 판매·생산 예측 리포트(sales & production forecast report)가 활용되어 수주예상에 따른 자재와 생산부문이 미리 준비하도록 하는 협조 시스템이 가동되었으나 여기에서는 더 이상의 기술은 생략키로 하겠다.

4. 판매가격

고객과의 최종 네고(nego) 과정에서, 판매대리점과 영업요원과 영업담당 중역 간의 할인액 승인권한과 이에 따른 판매수수료 관계는 미리 방침을 정하여 권한을 정하고 판매가격 할인율에 따라 지불할 판매수수료를 미리 예시해두는 방식으로 운영하여, 판매현장에서 바로 위임받은 자가 위임전결된 권한으로 결정을 내릴 수 있도록 했다.

(08) MONTHLY REPORT

MARKET UNIT :　XXX

REV. NO.: 0

DATE : 99. 08. 27

DURATION : 99.07.30 ~ 99.08.27

PREPARED BY :

AA) QUOTATION LIST

CURRENCY:KWN000

N0	Quotation No.	Area	Custo-Mer	Appli-cation	Total Amount	For	RFQ Date	Quote Date	Possib-ility (%)	RMKS
1	C19-021E Rev.0	Philippi (Ilijan)	Hxx	AAA	79,000	p	29 JUL	21 AUG.	40	
2	C19-022E Rev.0	Phlippi (Ilijan)	HXX	BBB	91,700 ($76,450)	P	29 JUL	21. AUG	20	
3	C19-023E Rev.0	India (Barge)	HXX	EEE	59,500 ($49,621)	B	19 JUL	25. AUG	10	
4	C19-024E Rev.0 r	Taiwan (Lungmen)	HTT	DDD	829,000 ($691,200)	B	23 JUL	25. AUG	10	
	TOTAL				1,059,200					

● P in the for column means purchasing and B in the for column means bidding of customer

BB) 90 DAY HOT LIST

CURRENCY:KWN000

No	Quotation No.	Area	Customer	Appli-cation	Total Amount	For	Quote Date	Possib-ility (%)	Remarks
1	C19-016E	Korea (Pyungt)	KEP	SSS	9,500	P	21. JUN	80	
2	C19-004E	Korea (TaeAn)	KEP	AAA CCC	370,400	P	20. JUL	Booked	Official contract will be Sept.
3	C19-020EL	Bangladesh (Haripur)	Hyun	BBB	125,000	p	29 JUL	30	
	TOTAL				504,900				

Note :

1999. xxxxxxxxxx BOOKING FORECAST

CURRENCY:KWN000   DATE : 99/08/27

Section	Rev.	Customer	Project Name	Amount	Booking Date	Model & Q'TY	Remark
Forecast		KEP	TaeAn	480,000	4Q	AAA	Booked (Amount 370,400)
	4	HanJ	Kondap	130,000	2Q	BBB	Booked (Amount 68,000)
	3	KEP	UlChin	660,000	MAY	CCC	Booked (Amount 663,000)
	2	KEP	YeoSu	120,000	MAR	DDD	Lost to SSS
		HanJ	Srimushnam	105,000	4Q	BBB	Transfer to 2000
		Dae	Cambodia	70,000	2Q	EEE	Transfer to 2000
		HanJ	Malacca	320,000	3Q	FFF	Transfer to 2000
		Hyun	YulChon	200,000	2Q	GGG	Transfer to 2000
		HanJ	Krishna	220,000	3Q	HHH	Transfer to 2000
		HanJ	Tenaga-Bk	80,000	JUN	III	Transfer to 2000
	4	HanJ	Ilijan	41,000 91,100	4Q	JJJ	Hanjung lost to Hyundai
		KEP	Pyungt	9,500	4Q	AAA	New project
		Hanj	Kondapolli	1,500	3Q	KKK	Booked (Amount 3,150)
		Hyun	Haripur	125,000	4Q	LLL	New project
	1	Hyun	Illijan	79,000 91,700	4Q	LLL	New project
	4	Others		51,900	4Q		Amount changed (112,000 to 51,900)
S.TTL				305,200			
Booked	3	KEP	UlChin	663,000	MAY	MMM	
	4	Hanj	Kondapalli	68,000	JUN	NNN	
	3	Hanj	Kondapalli	3,150	AUG	OOO	Amount changed (1,500 to 3,150)
	3	KEP	Taean	370,400	JUL	PPP	Official contract will be Made in Sept. .
S.TTL				1,104,550			
Gland TOTAL				1,409,750			

Note : Revision History

Rev. 1 : Amount changed

2. Lost to SSS /BKG date changed

3. Booked/ Amount changed

4. Booked/ Amount changed

BOOKING FORECAST (JULY)

Date : AUG. 02 . 1999
Prepared by :
Page : 1 of 2

UNIT : US$, EX.RATE

BUSINESS UNIT	99 BGT	99 BGT A	JUL. '99 FORECAST B	AUG. '99 FORECAST C	2000 BGT D	2001 BGT E	C/A	D/A	E/D	C/B	REMARK
	706,538	765,417	1,258,389	1,178,389	841,958	926,154	154%	110%	110%	94%	
	2,508,000	2,508,000	2,738,630	3,252,434	2,758,800	3,034,680	130%	110%	110%	119%	
	1,045,000	1,045,000	1,199,167	1,259,500	1,149,500	1,264,450	121%	110%	110%	105%	
	1,463,000	1,463,000	1,539,463	1,992,934	1,609,300	1,770,230	136%	110%	110%	129%	
	379,615	411,667	489,063	477,670	452,833	498,117	116%	110%	110%	98%	
	161,538	175,000	284,553	286,590	208,333	250,000	164%	119%	120%	101%	
	169,231	183,333	256,792	256,792	200,000	225,000	140%	109%	113%	100%	
SUB-TOTAL (A)	3,924,922	4,043,417	5,027,427	5,451,875	4,461,924	4,933,951	135%	110%	111%	108%	
(B)	1,738,000	1,882,500	2,666,667	2,762,970	2,070,750	2,277,825	147%	110%	110%	104%	
GRAND TOTAL (A+B)	5,662,922	5,925,917	7,694,094	8,214,845	6,532,674	7,211,776	139%	110%	110%	107%	

REV.12 (JUL)

* DCIPSL/BAKREWAR , KHI/KAWASAKI , MHI/TOSHIBA WERE BOOKED ------ VOLUME (US$ 453,471)
* TONGYANG PULP WAS BOOKED ------ VOLUME (US$ 6,111)
* CORN PRODUCTS & DAESANG COMPANY WERE BOOKED ------ VOLUME (US$ 33,056)
* SAMDUCK PAPER , TONGHAE T.P.P & ETC WERE BOOKED ------ VOLUME (US$ 15,537)
* MORITANI & POWER PLANT PARTS ORDERS WERE BOOKED ------ VOLUME (US$ 2,630)

UNIT : Mil. Won, EX.RATE

BUSINESS UNIT	99 BGT	99 BGT A	JUL. '99 FORECAST B	AUG. '99 FORECAST C	2000 BGT D	2001 BGT E	C/A	D/A	E/D	C/B	REMARK
	919	919	1,510	1,414	1,010	1,111	154%	110%	110%	94%	
	3,260	3,010	3,286	3,903	3,311	3,642	130%	110%	110%	119%	
	1,359	1,254	1,439	1,511	1,379	1,517	120%	110%	110%	105%	
	1,902	1,756	1,847	2,392	1,931	2,124	136%	110%	110%	130%	
	494	494	587	587	543	598	119%	110%	110%	100%	
	210	210	341	344	250	300	164%	119%	120%	101%	
	220	220	308	308	240	270	140%	109%	113%	100%	
SUB-TOTAL (A)	5,103	4,853	6,032	6,556	5,354	5,921	135%	110%	111%	109%	
(B)	2,259	2,259	3,200	3,316	2,485	2,733	147%	110%	110%	104%	
GRAND TOTAL (A+B)	7,362	7,112	9,232	9,872	7,839	8,654	139%	110%	110%	107%	

REV.12 (JUL)

* DCIPSL/BAKREWAR , KHI/KAWASAKI , MHI/TOSHIBA WERE BOOKED ------ VOLUME (₩ 544,166)
* TONGYANG PULP WAS BOOKED ------ VOLUME (₩ 7,333)
* CORN PRODUCTS & DAESANG COMPANY WERE BOOKED ------ VOLUME (₩ 39,667)
* SAMDUCK PAPER , TONGHAE T.P.P & ETC WERE BOOKED ------ VOLUME (₩ 18,644)
* MORITANI & POWER PLANT PARTS ORDERS WERE BOOKED ------ VOLUME (₩ 3,156)

''99 BOOKING FORECAST (JUL)

Rev : 11
Date : AUG. 02. 1999
Prepared by :
Page : 2 of 2

List price
Local currency (000')
1,200 Won / US$

FORECAST	REV	Customer	Project Name	Amounts	Amounts(USD)	Booking Date	Model	Section	Remark
	11	KEPCO		370,400	$308,667	AUG			AMOUNT CHANGE (480,000 to 370,400)
	6	DAELIM	CAMBODIA	70,000	$58,333	2000			TRANSFER FR. 2Q TO 2000
BOOKED	10	HANJUNG	KONDAPALLI	68,000	$56,667	JUN			AMOUNT CHANGE FR. 130,000 TO 68,000
	5	HANJUNG	MALACCA	320,000	$266,667	2000			TRANSFER FR. 3Q TO 2000
	6	HYUNDAI	YULCHON #1/2	200,000	$166,667	2000			TRANSFER FR. 2Q TO 2000
	5	HANJUNG	TENAGA	80,000	$66,667	2000			TRANSFER FR. JUN TO 2000
	5	HANJUNG	KRISHNA	220,000	$183,333	2000			TRANSFER FR. 3Q TO 2000
BOOKED	10	HANJUNG		661,000	$550,833	MAY			BREAK DOWN TO S/R (W2,000) AMOUNT CHANGE (FR. 663,000 TO 661,000)
	8	KEPCO		120,000	$100,000	MAR->APR			DELETED (LOST TO SIEMENS)
	6	HANJUNG	SRIMUSHNAM	105,000	$87,500	4Q			NEW FORECAST
	11	OTHER	PROJECT	125,000	$104,167	4Q			DELETED
	11	KEPCO		9,500	$7,917	4Q			NEW FORECAST
	11	HANJUNG	KONDAPALLI	1,500	$1,250	3Q			NEW FORECAST
	11	HYUNDAI	HARIPUR	125,000	$104,167	4Q			NEW FORECAST
	11	HYUNDAI	ILLIJAN	171,000	$142,500	4Q			NEW FORECAST
		LOCAL BOOKED TOTAL		729,000	$607,500				
		TOTAL FORECAST (A)		1,511,400	$1,259,500				
		Indian Job Total		1,358,051	$1,131,709				
BOOKED	6	DCIPSL	BAKRESWAR	217,734	$181,445	FEB			AMOUNT CHANGE (125,000 to 181,445)
		DCIPSL	KORBA	172,800	$144,000	3Q			
	6	M&M	SHIMHADRI	240,000	$200,000	3Q			AMOUNT CHANGE (192,000 to 200,000)
	6	ENEGRO	GEB GANDHINAGA	28,800	$24,000	3Q			AMOUNT CHANGE (20,000 to 24,000)
				-					BKG DATE CHANGE FR. 4Q TO 3Q
	5	ABB	KORBA	300,000	$250,000	2000			DEFERRED TO UNKNOWN (2000)
	5	L&T	BHILAI POWER	172,800	$144,000	2000			DEFERRED TO UNKNOWN (2000)
	6	M & M	PANIPAT TPS	86,400	$72,000	SEP			NEW FORECAST
	10	AECO		86,400	$72,000	SEP			NEW FORECAST
BOOKED	6	INDURE	KORBA	3,000	$2,500	FEB			NEW BOOKED IN FEB.05
	8	BHEL	PANIPAT TPS	150,000	$125,000	2000			DEFERRED TO UNKNOWN (FR.4Q TO 2000)
	5	BHEL	SHIMHADRI	288,000	$240,000	SEP			NEW FORECAST
	8	BHEL	TALCHER TPS	576,000	$480,000	2000			DELETED
BOOKED	7	BHEL	FARIDABAD SPARE	7,025	$5,853.9	MAR			NEW FORECAST
BOOKED	8	BHEL	SUKAN INSTRU.LTD	4,127	$3,439	APR			NEW FORECAST
BOOKED	11	DCIPSL	BAKRESWAR	223,765	$186,471	JUL			NEW FORECAST
		Taiwan Job Total							
	6	TALIN #4		166,154	$138,462	2Q			DELETED
		Korean Job Total							
	6	HD MARINE CEU		235,000	$195,833	2000			DEFERRED TO UNKNOWN (2000) AMOUNT CHANGE (234,000 to 235,000)
		Japan Job Total		1,033,470	$861,225				
	6	MHI	AES PARANA	192,000	$160,000	DEC			NEW FORECAST
	6	TOSHIBA	HINKURT	336,000	$280,000	SEP			NEW FORECAST
	6	TEPCO	ANEGASAKI	180,000	$150,000	AUG			NEW FORECAST
BOOKED	9	MHI	COSTANERA	5,070	$4,225	MAY			NEW BOOKED
BOOKED	11	KHI	KAWASAKI/VIETNAM	32,400	$27,000	JUL			NEW BOOKED
BOOKED	11	TEPCO	TOSHIBA/DABHOL	288,000	$240,000	JUL			NEW BOOKED
	6	Other Pjt Total		781,121	$650,934	FULL YEAR			DELETED
		A/P BOOKED TOTAL		781,121	$650,934				
		TOTAL FORECAST (B)		3,172,641	$2,643,868				
GRAND TOTAL (A + B)				4,684,041	$3,903,368				

19xx Sales Shipping Plan

BUDGET

Rev.:15
Prep'd by:
Date:JAN.5

NASH KOREA
Local currency(000'

		REV.16 (P)	FCST %	REV.15 (O)	FCST %	REV.14 (N)	FCST %	REV.13 (M)	FCST %	((((6 (5 (4 (3 (2 (2	REV.:3 1999(C)	BGT %	REMARK
		AMOUNTS	%	AMOUNTS	%	AMOUNTS	%	AMOUNTS	%		AMOUNTS	%	
내수	영업I	3,026,042	31.4%	3,282,000	33.2%	3,026,043	31.6%	3,708,635	36.2%		4,461,164	47.9%	
	영업II	906,932	9.4%	904,800	9.2%	876,000	9.2%	876,192	8.6%		758,134	8.1%	
	영업III	613,213	6.4%	590,400	6.0%	560,760	5.9%	605,357	5.9%		660,149	7.1%	
	영업 IV	266,579	2.8%	267,600	2.7%	267,600	2.8%	274,928	2.7%		290,000	3.1%	
	영업V	368,579	3.8%	373,200	3.8%	349,200	3.6%	349,291	3.4%		279,500	3.0%	
	ADD 1												
Sub-Total		5,181,346	53.8%	5,418,000	54.9%	5,079,603	53.1%	5,814,402	56.8%		6,448,947	69.2%	
수출		4,456,300	46.2%	4,457,000	45.1%	4,489,679	46.9%	4,424,400	43.2%		2,864,576	30.8%	
	ADD2												
G.Total		9,637,646	100%	9,875,000	100%	9,569,282	100%	10,238,802	100%		9,313,523	100%	

EX.RATE:1,200/US$ EX.RATE:1,200/US$

NOTE :

REV.2 - ADD1 for 내수, ADD2 for 수출,
REV.3 - Exchange rate change(won1,300/us$ to won1,200/us$), adder1,2 added in 영업iii,수출
REV.4 - Excluded Gazlan pjt($637,500:\765,000),Tenega(\80,000),Talin, Hyun shipment in 98(\149,963),youngkwang price diff(\3,600).
REV.5 - Newly added Kondapalli(\130,000).
REV.6 - Added 영업iv & 영업v amounts (70,000/73,500).
REV.7 - Added Power Jobs(DCIPSL, YEOSU, Indure spare;won365,816)
       Deducted \150,000 in 영업iii,\269,514 in 영업iv, \269,749 in 영업v and \170,000 in 영업i
REV.8 - Added $599k in 수출, $206k in 영업iii, Deducted $96 in 영업i.
REV.14 - Deducted Indure Korba$310k in 영업 i(NEXT YR FORECAST).

US$(000)

		(P)	FCST %	(O)	FCST %	(N)	FCST %	(M)	FCST %		1999(C)	BGT %	REMARK
		AMOUNTS	%	AMOUNTS	%	AMOUNTS	%	AMOUNTS	%		AMOUNTS	%	
내수	영업I	$2,522	31.4%	$2,735	33.2%	$2,522	31.6%	$3,091	36.2%		$3,718	47.9%	
	영업II	$756	9.4%	$754	9.2%	$730	9.2%	$730	8.6%		$632	8.1%	
	영업III	$511	6.4%	$492	6.0%	$467	5.9%	$504	5.9%		$550	7.1%	
	영업 IV	$222	2.8%	$223	2.7%	$223	2.8%	$229	2.7%		$242	3.1%	
	영업V	$307	3.8%	$311	3.8%	$291	3.6%	$291	3.4%		$233	3.0%	
	ADD 1												
Sub-Total		$4,318	53.8%	$4,515	54.9%	$4,233	53.1%	$4,845	56.8%		$5,375	69.2%	
수출		$3,714	46.2%	$3,714	45.1%	$3,741	46.9%	$3,687	43.2%		$2,387	30.8%	
	ADD2												
G.Total		$8,031	100%	$8,229	100%	$7,974	100%	$8,532	100%		$7,762	100%	

EX.RATE:1,200/US$ EX.RATE:1,200/US$

1999 *A Buiness* Shipment, Back-log and Forecast

List price
Local currency(000')
1,200WON/1USD

Rev.:15
Date:JAN 4,2000
Prepared by:

	REV	Customer	Project Name	Amounts	Amounts(USD)	Shipping Date	Model	ecti	Remark
SHIPPED IN	5	TPC-Talin	TPC-Talin #6	49,963	$41,636	12-15-98	AT1006X1,CL1003X1,PARTS	JHY	Scheduled in jan.8
LAST YEAR	5	Hyun	Marine CEU	100,000	$83,333	12-18-98	AT1006E X 2	JHY	schdulled in jan10(N062)
SHIPMENT	5	KEP	YoungKwang #5	498,200	$415,167	01-28-99	AT2006EX4,CL1003pkgX2	ISC	PRICE CHANGE
		KEP	BukCheJu #2	142,500	$118,750	01-15-99	AT1006E X 2	ISC	
	6	Hyun	Marine CEU	97,500	$81,250	02-15-99	AT1006E X 2	JHY	
	6	INDURE	FARAKKA	16,266	$13,555	02-28-99	CL2002 X 1	JH	PAST DUE
	6	HANJ	IBARAGI PJT	240	$200	02-25-99	AT706E COUPLING GRID	ISC	NEW
	7	M&M	RAICHUR	128,640	$107,200	03-05-99	CL2001 X 8 with s.s Rotor	JH	DEL. CHANGE
	8	INDURE	KORBA	3,000	$2,500	04-07-99	CL2002 PART	JH	FROM BACKLOG
	8	INDURE	KOTHAGUDEM	298	$248	04-07-99	CL2000 BEARING	JHY	
	9	INDURE		25,737	$21,448	05-30-99	CL2000 PART	JH	
	9	BHEL	Jojobera TPS	312,000	$260,000	05-26-99	AT2006E X 4	JH	
	10	Sukan Instrumentation		4,127	$3,439	06-11-99	AT2004 SPARE	JH	DEL CHANGE(MAY TO JUN)
	10	BHEL	Faridabad C.C.P.P	181,200	$151,000	06-29-99	AT2006E X 2	JH	DEL. CHANGE
	10	BHEL	Khapakheda	158,164	$131,803	06-23-99	TC-11E X 2	JHY	
	11	KEP	YoungKwang #6	492,200	$410,167	07-18-99	AT2006E X 4,CL1003pkg X 2	ISC	AMT CHANGE(₩-6,000)
	11	M&M	UNCHAHA	107,280	$89,400	07-26-99	CL2001 X 6	JH	DEL. CHANGE(JULY TO AUG)
	11	BHEL	FARIDABAD SPARE	7,025	$5,854	07-26-99	AT2006E SPARES	JH	DEL. CHANGE(JUNE TO JULY)
	12	BHEL	Khapakheda	150,217	$125,181	08-15-99	TC-11E X 2	JHY	
	11	MHI	COSTANERA	5,070	$4,225	08-12-99	TC11 SPARE	JHY	DEL. CHANGE(JUNE TO JULY)
	11	SHINS		14,000	$11,667	08-12-99	AHF50 DUPLEX PKG	HD	TRANSFERRED FROM GIP
	12	SHINS	INSPECTION FEE	1,780	$1,483	08-15-99	AHF80 INSPECTION FEE	JH	NEW
	10	KEP	HaDong #6	320,200	$266,833	08-15-99	AT2006E X 3,SC-6pkg X 1	ISC	AMT CHANGE(₩-4,800)
	14	KEP	BukCheJu #3	139,500	$116,250	10-15-99	AT1006E X 2	ISC	AMT CHANGE(\-3,000)
	15	SamSung	POSCO	188,500	$157,083	11-09-99	AT706EX 3,CL703pkg X 2	ISC	AMT CHANGE(₩-1,500)
	11	VIETNAM	NEW	32,400	$27,000	12-06-99	ET80330PKG X 1	JH	NEW
Total (a)				3,026,043	2,521,702				
Backlog	14	M & M		18,826	$15,688	12-15-99	CL2001 SPARES	JHY	NEW
	10	KHIC	KONDAPALLI	71,150	$59,292	12-30-99	AT1006E X 2	ISC	PRICE CHANGE(₩80,000)
	6	DCIPSL		223,766	$186,471	12-15-99	CL3001 X 6/1 X ACC'Y	JH	NEW
	12	INDURE	Korba TPS	372,000	$310,000	01-15-00	CL2002 X 24 with s.s Rotor	JH	TRANS. TO NEXT YR
	12	DCIPSL	NEW	223,766	$186,472	10-30-99	CL3001 X 6/1 X ACC'Y	JH	DUPLICATED
Total (b)				-	-				
Predicted	5	KHIC	Tenaga-BK	80,000	$66,667	07-30-99	AT706E X 2	ISC	Postponed to 2000
		Hyun	Marine CEU	235,000	$195,833	12/30/99	AT1006E X 4		Postponed to 2000
	7	DaeW	Korba #1	170,000	$141,667	12-30-99	TC-11E X 2	ISC	Postponed to 2000
	5	MHI	GAZLAN TPP	255,000	$212,500	04-30-99	AT3004E X 3	JH	LOST
	5	MHI	GAZLAN TPP	255,000	$212,500	06-30-99	AT3004E X 3	JH	LOST
	5	MHI	GAZLAN TPP	255,000	$212,500	11-30-99	AT3004E X 3	JH	LOST
	8	KEP	YEOSU#1	120,000	$100,000	07-30-99	AT1006E X 2	ISC	LOST TO SIEMENS
Total (c)				-	$0				
G.TOTAL(a+b+c)				\3,026,043	$2,521,702				

ORDER BOOKING

	ACTUAL		BUDGET		%	
	PERIOD	YTD	PERIOD	YTD	PERIOD	YTD
XY	566	5,364	503	4,853	113%	111%
YZ	410	4,525	188	2,256	218%	201%
TOTAL	976	9,889	691	7,109	141%	139%
ACT / ANNUAL(%) YTD PLAN		9,889		7,112 (ORG)		139%

ORDER SHIPMENT

	ACTUAL		BUDGET		%	
	PERIOD	YTD	PERIOD	YTD	PERIOD	YTD
XY	292	5,109	393	6,133	74%	83%
YZ	482	4,460	203	2,612	238%	171%
TOTAL	775	9,570	596	8,745	130%	109%
ACT / ANNUAL(%) YTD PLAN		9,570		9,314 (ORG)		103%

ORDER BACK-LOG

	(past due) 1999	2000	2001 - 2002	TOTAL
XY	336	2937	848	4,121
YZ	115	1,608	0	1,723
TOTAL	451	4,545	848	5,843

Booking Status

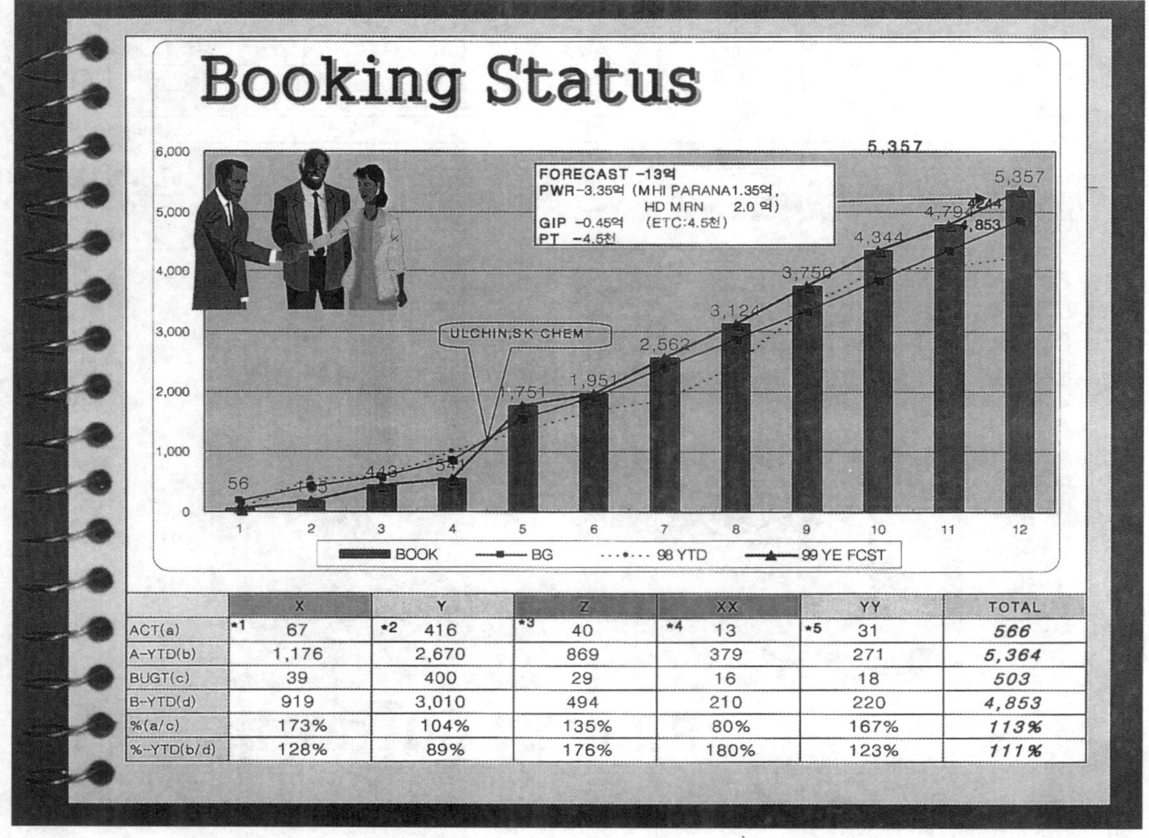

	X	Y	Z	XX	YY	TOTAL
ACT(a)	*1 67	*2 416	*3 40	*4 13	*5 31	566
A–YTD(b)	1,176	2,670	869	379	271	5,364
BUGT(c)	39	400	29	16	18	503
B–YTD(d)	919	3,010	494	210	220	4,853
%(a/c)	173%	104%	135%	80%	167%	113%
%-YTD(b/d)	128%	89%	176%	180%	123%	111%

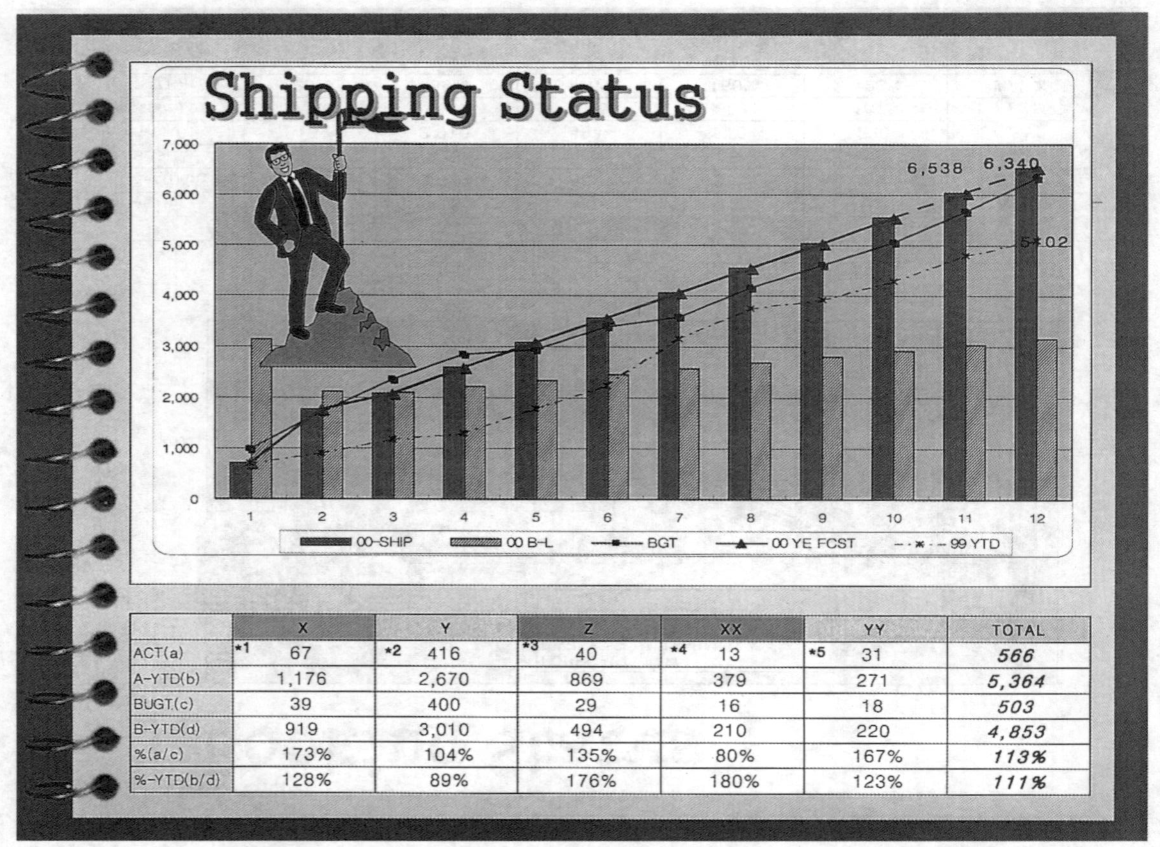

	X	Y	Z	XX	YY	TOTAL
ACT(a)	*1 67	*2 416	*3 40	*4 13	*5 31	566
A-YTD(b)	1,176	2,670	869	379	271	5,364
BUGT.(c)	39	400	29	16	18	503
B-YTD(d)	919	3,010	494	210	220	4,853
%(a/c)	173%	104%	135%	80%	167%	113%
%-YTD(b/d)	128%	89%	176%	180%	123%	111%

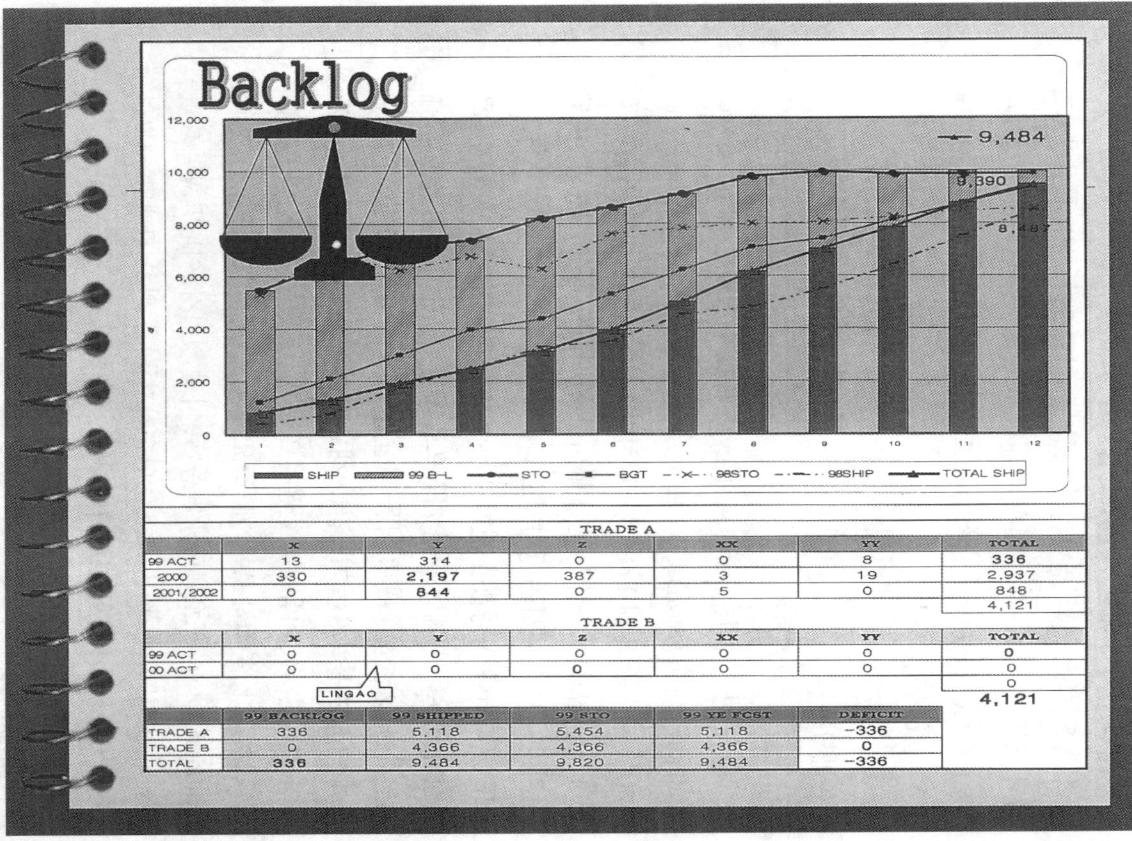

TRADE A

	X	Y	Z	XX	YY	TOTAL
99 ACT	13	314	0	0	8	336
2000	330	2,197	387	3	19	2,937
2001/2002	0	844	0	5	0	848
						4,121

TRADE B

	X	Y	Z	XX	YY	TOTAL
99 ACT	0	0	0	0	0	0
00 ACT	0	0	0	0	0	0
						0
						4,121

	99 BACKLOG	99 SHIPPED	99 STO	99 YE FCST	DEFICIT
TRADE A	336	5,118	5,454	5,118	-336
TRADE B	0	4,366	4,366	4,366	0
TOTAL	336	9,484	9,820	9,484	-336

5. 영업 인력에 대한 인센티브

이 항은 다음 장의 일반관리 사항 중 인력관리 장에서 설명키로 하되, 영업 인원의 자기 계획에 대한 목표달성률에 따른 보상체계를 구비하는 것이 수주목표 초과달성이란 취지에는 가장 효과적일 것으로 추천하고 싶다.

판매활동

제품의 판매가격(pricing strategy), 품질과 신뢰도 제고, 운전비 (start up-commissioning)와 보장 · 보증비용(guarantee & warranty cost)의 측정과 이에 따른 애프터서비스 부문 등에 대한 기술과 경쟁자가격 정보의 수집과 분석에 따른 판매대책 등을 거론할 수 있을 것이나, 여기에서는 생략키로 하겠다.

또한 과거에 시행했던 판매기법이 고객 위주의 관점에서 정말로 최선의 경로를 통해 정당한 가격으로 제공되었는가 하는 점도 구태 의연하게 그냥 해오던 방식을 답습할 것이 아니라, 고객이 기대효용에 대해 지불하려는 기대값(기대판매 가능가격)과 현재의 판매경로가 적절한지를 처음부터 근본적으로 재검토하는 초발심의 마음에서 진지하게 분석해보는 게 중요하다. 그에 따라 솔루션 판매 (solution sales : 프로젝트성 제품)로 나갈 것인지, 아니면 판매대리점에의 스톡 판매(stock sales : 단순저가품)를 위한 판매망 재고려 등도 검토해보아야 할 사항이다.

1. 판매망 관리

판매활동의 적극적인 촉진이야말로 그 중요성을 간과할 수 없을 것이다. 직영과 대리점 판매의 이원적인 판매망 유지와 본사 영업요원에 대한 동기부여와 보상체계에 대해서는 앞에서 언급한 바와 같다. 판매대리점의 효과적인 관리를 위해 참고로 〈자료 11-8〉의 Commission Function Matrix를 참조하여 판매수수료 지불에 대해 분쟁의 소지를 없애면서, 해외판매 대리점들의 적극적인 활동을 유도하기 위한 고객접촉과 활동 보고서를 제출케 하는 등 관리를 통하여 판매대리점 성과평가서를 〈자료 11-9〉와 같이 시행한다.

2. 판매원가 관리
(생략함)

마케팅

1. 시장조사
철저한 시장조사를 통해 다음과 같은 정보를 객관적으로 수집하여 다음 단계의 판매전략과 판매계획의 밑거름으로 삼는다.
- 지난 몇 년 간 귀사 제품의 판매실적 및 추세
- 잠재적인 시장의 규모 및 시장점유
- 시장점유율
- 현재의 경쟁 및 경쟁자 분석
- 가격정책
- 고객의 자세와 인식도
- 잠재고객 리스트

2. 고객관리
- 주요 고객관리
고객 파일 중에서도 가장 유망한 고객을 각 영업담당자가 잘 파악

COMMISSION-FUNCTION MATRIX

commission allocation is divided into (3) segments : Sale. Specification. and Territory. A Representative is eligible for any or all of these segments if they occur in his assigned geographic territory. Eligibility does not automatically imply full allocation of that commision segment to the assigned representative. Specification is the only commission segment that can be split. This split is limited to two parties on an equal basis.

Each segment of commission has associated with it a number of functions which are the responsibility of the Representative to fulfill as required. All orders may not require that all functions be fulfilled. In those cases where a Representative does not fulfill a required function on a given order associated with the segment of the commission for which he is eligible. he may not be entitled to full allocation of that commission segment. In cases where such functions must be performed by XY support personnel. XY may evaluate the order and choose to reduce the commission allocated.

The attached Function Matrix provides a list of functions associated with each commission segment. It is intended to serve as a reference for Representatives and will also be used by XY to assist in evaluating those cases where the allocation and/or level of commission is in question. The implementation and interpretation will be at the discretion of the applicable Business Unit.

COMMISSION – FUNCTION MATRIX

FUNCTIONS	COMMISSION ALLOCATION SEGMENTS			
	SALE	SPECIFICATION		TERRITORY
		SPEC.	TECH. ASST.	
ORDER INFORMATION	X	–	–	–
PURCHASE ORDER REVIEW	X	–	X	–
COMMUNICATION	X	X	X	X
GENERAL QUOTATION	X	X	–	–
SIZING & SELECTION	–	–	X	–
ORDER CLOSING	X	–	–	–
XYZ SPECIFIED	–	X	–	–
SPEC. PREFERENCE	–	X	–	–
CUSTOMER TECH. SUPPORT	X	–	X	–
START-UP	–	–	–	–
TROUBLESHOOTING	–	–	–	X
MARKET INTELLIGENCE	X	–	X	–

COMMISSION SEGMENTS

Sale

The Representative in whose territory the order originates receives credit for the sale. Origin of an order is defined as that locality where the order is (1) actually prepared, (2) signed by a purchasing type individual, and (3) posted. A further measure of sales commission allocation occurs when the order directs all correspondence regarding it to the same location of origin; however, this in no way overrides the rule of three already defined.

With regard to allocation of sale commission, several additional points should be made:

1) Often the invoicing location of an order does not correspond to the origin of sale. It should be noted that the invoicing location in itself is not a factor in determining origin of sale.

2) No Division or Split of Sales Commission is ever made.

Merely qualifying as the sales agent under the above criteria does not insure full allocation of sales commission to that sale agent. To receive full allocation of sale commission the sale agent must adequately fulfill the functions of a sales agent in the handling of the order transaction. These functions include, but are not necessarily limited to:

- Execution of a complete order information sheet with any necessary clarifying notes.

- Review of customer P.O. noting to XY and customer as necessary any areas of conflict, concern, or mistakes.

- Being an effective communication conduit between XY and th customer and vice versa regarding various aspects of an order such as commercial terms, technical information, order change, delivery information, etc.

Specification

1. Direct Sale – no third party involvement.

If the representative handling the sale handles the selection and quoting of the equipment involved with no assistance from another representative or the business unit support group, he is entitled to the entire amount of the specification commission. In cases where a significant amount of assistance is required, the commission may be split and a portion awarded to another representative or to the business unit in question. In cases where the equipment is selected and quoted by the business unit or another agent, all of the specification commission may be awarded accordingly.

2. Sale with third party involvement.

In cases where a consultant or other third party is involved in a sale, specification commission would be paid through the representative handling the third party, if any of the following conditions are met:

a. The third party clearly specifies the use of XY equipment by name.

b. Sufficient technical detail is specified by the third party to allow to be "preferred" by virtue of these details. If there is a third party and this party's involvement is insufficient to create a "preference" for specification commission can be awarded to the sale agent or retained by the business unit to offset increased expenses resulting from lack of specification.

Territory

Credit for service allowance is allocated to the representative in whose territory the product (new equipment, repair part, service work, XX repair) is installed or is located.

This commission is being paid for the purpose of start-up assistance, system troubleshooting, and product support given by the Representative to the customer.

On sales made to OEM customers, an attempt is made by XY to learn the name and location of the installation for the purpose of allocating service allowance.

However, this is not always possible and a considerable number of such are eventually located by the territorial XY Representative. Service allowance is held in a special account for a length of time not to exceed the warranty period of the pump. This can be claimed by the territorial office within the warranty period with proper identification, including the test number of the XX. At the end of the warranty period, service commission on any MM not previously identified is no longer available.

SOUTH EAST ASIA
1998 REPRESENTATIVE EVALUATIONS

Date : October 6,1998   Supcrscdcs :

Representative	Country	Solution Sclling	Salcs Coverage	Quality of Sales Coverage	Stocking Commitment	Major Project Co-ordinntion	Base Basincss Dcvcloptncnt	Timely Response / Commitment	Owner/ Management Commitment	Total Scote	Performance Rating	industry
x	indonesia	6	6	6	NA	5	5	6	6	40	Good	
y	indonesia	6	6	6	NA	5	5	6	6	40	Good	
z	indonesia	3	2	2	0	4	2	5	4		Fair	
x	Thailand	1	4	1	NA	4	1	4	3		Fair	
y	Vietnam	5	5	6	6	5	5	6	6	44	Good	
z	Pakistan	4	4	4	0	4	5	5	6	32	Fair	
x	Philippians	4	4	4	6	5	6	6	5	40	Good	
y	Malaysia/ Singapore	6	3	5	NA	6	6	7	7	40	Good	
z	Philippians	1	1	1	NA	3	1	2	3		Fair	
x	Taiwan	4	4	4	NA	6	3	6	5	32	Fair	
y	Japan	6	6	6	NA	3	5	6	6	40	Good	

LEGEND

Ratings shown in a scale of 0 to 10 (0-2 = poor, 3-5 = fair, 6-7 = good, 8-10 = very good)

TOTALSCORE : Level 1 : Poor (Below is)   Level 3 : good (40 and above, but below 60)
Level 2: fair (18 and above, but below 40)   Level 4: very good (60 and above)

할 수 있도록 하고 밀접한 관계를 유지하기 위해 〈자료 11-10〉과 같은 중요 고객 분석(key account analysis) 양식을 적용했으며 판매목표액, 담당자, 전략 등을 구체화하여 관리했다.

• 고객만족도 관리

고객의 평판이 회사의 장래를 결정짓는다. 요즘은 고객만족, 심지어는 고객감동의 단계까지 강조되고 있는 실정이라 모든 회사가 최선의 노력을 경주하고 있다. 가격과 품질과 납기를 신속·정확·저렴하게(fast, good, cheap) 만족시키는 노력뿐만 아니라, 고객과의 모든 약속을 견적단계에서부터 애프터서비스까지 망라하여 고객이 불편을 느끼지 않도록 최선의 만족을 제공할 수 있도록 관리토록 한다.

〈자료 11-11〉의 고객만족도 평가서를 통해, 기록사항을 간판방식으로 게시화하여 모두가 느끼도록 배려했다.

KEY ACCOUNT ANALYSIS

ACCOUNT   : EPCO/OPEC/HIC (UTIL/ENG/CONR)

LOCATION   : SEOUL, KOREA

POTENTIAL   : $ 3.0 MIL/YR AVG

              $ 15 MIL   TOTAL OVER NEXT 5 YEARS

PAST SALES : $ 4.73 MIL   TOTAL OVER NEXT 5 YEARS

REGION(S)   : FIELD SALES   MARKET : ______________________

CORPORATE KEY ACCOUNT MANAGER   : ______________________________

KEY ACCOUNT TEAM MEMBERS/DIVISION   : ______________________________

____

GOALS : $ 4.0 MIL FOR 1992

          $ 12 MIL TOTAL FOR 1992 THRU 1996

STRATEGIES:

WHILE OUR CURRENT SITUATION IS 100% MARKET SHARE OUR OBJECTIVE IS TO MAINTAIN OUR POSITION IN THIS MARKET.

1.   CONTINUE BUILDING RELATIONSHIP WITH

2.   ADDITIONAL TRAINING AND SUPPORT OF

3.   CONTINUING INVOLVEMENT IN DIRECT SALES, TECHNICAL, AND PRICING DETAILS.

OUR TREND IS VERY POSITIVE. WE HAVE A STRING OF MAJOR SUCCESSES IN THE INDUSTRY IN 1991. THESE ORDERS ARE THE DIRECT RESULT OF THE ESTABLISHMENT AND CAREFULLY THE ESTABLISHMENT OF AND CAREFULLY LAID GROUNDWORK BY

THE EXPANSION SCHEDULE FOR THE NEXT 15 YEARS HAS BEEN INCREASED TO FIVE (5) STATIONS PER YEAR WITH ABOUT $3.5 MILLION/YEAR FOR UNTIL 2006!

TIMETABLE/FOLLOW-UP ACTIONS REQUIRE AND BY WHOM:

PERIODIC VISITS BY WITH APPROPRIATE PERSONNEL AS SCHEDULE ALLOWS. BUT NOT LESS THAN ONCE PER YEAR.

고객 만족도 평가서

DATE :
PREP'D BY :
CHCK'D BY :

CUSTOMER :

NO	항 목		목 표	부 서 명	담 당	만 점	배 점	비 고
2-1	고객 희망 납기		납기 3일 이내	생 산 부	Scheduler	20		
2-2	시운전 만족도			Q / A	Manager	30		소 계
	제품의성능	Spec과 일치				10		
	제품의 상태	Spec과 일치		Q / A	Manager	10		
	도색의 상태	Spec과 일치				10		
2-3	고객 불만 처리			개발 영업부	Manager	40		소 계
	불만접수 통보	2Hrs 이내				10		
	Service 형태 결정	1Day 이내		개발 영업부	Manager	5		
	조치 일정 통보	2Hrs 이내				10		
	조치 완료	고객과의 약속				15		
2-4	예방 및 시정조치	분기당 3회 동일결함 발생		개발 영업부	Manager	10		
	총 계					100		

12

일반관리 (회계 및 인사)

　　관리부문의 조직은 중소업체에서는 비용부문이니만큼 필요한 범위 내에서 가능한 한 최소한의 규모로 구성하고, 필요에 따라 인원을 조금씩 늘려가는 원칙으로 운용하고, 회계 · 인사 · 총무업무를 통틀어서 수행하는 것이 일반적인 경향인 것 같다.

　　먼저 회계부문은 재무제표의 작성(월간, 분기별, 연간 : 경영분석용, 세무보고용, 법적 요구사항 등에 따라), 원가관리, 자금관리(재무 및 외상 매출금 관리), 예산 · 결산과 연말의 손익관계 예상액 도출, 세무 등의 주요 업무를 수행한다. 인사 및 총무부문은 채용과 급여 · 복지문제, 노사관계와 자산관리 및 제 보험부보, 대외 관공서 업무, 경비, 보안, 안전관리 등의 업무를 수행한다. 그 중 우수사례 위주로 몇 가지만 간단히 소개키로 한다.

• 회계부문
1. 예산작업이 당해 사업년도 훨씬 이전에 수익부문별로, 제품종류별로 수주·
   매출·이익에 대하여 월별·분기별·연도별로 확립되어 있었다. 매월·매분
   기별·수익부문별로 계획 대 실제의 수주·매출·이익에 대한 비교를 수행
   했다. 분기별로는 연말사업성과에 대한 예상치에 입각한 종합적인 재무제표
   패키지 보고가 갱신되어 계획과 대비해보는 업무가 철저히 이루어졌다(자료
   6-1에서 6-8과 자료 12-1 참조).
2. 외상매출금관리를 통하여 부실채권방지와 즉각적인 대응책이 가능토록 신
   경을 써왔다(자료 12-3 참조).

• 인사, 총무부문
1. 대화를 강조하여 조회, 부서별 회식, 사외 활동 및 노사협의회의 실질적 가동
   으로 회사 분위기가 전체적으로 협조와 칭찬과 응집력으로 결속되도록 유지
   되었다.
2. 성과급(incentive)이 목표달성 여부에 따라 전원에게 지급되는 I종과 영업
   및 팀장에게 지급되는 II종으로 구분되어 시행되고, 목표달성도에 따른 지급
   기준의 완벽한 이해를 통해 목표달성을 위하여 비교적 일치단결하는 일체감
   이 형성되었다(자료 12-6 참조).

회계부문

1. 전문용역비(professional service) 지불

비록 경비가 조금 더 드는 한이 있더라도 우선 전문가들의 자문을
받아야 장래에 문제가 커지는 것을 예방할 수 있고, 또한 경영의 신
뢰성을 제고시킬 수 있다. 즉 법률적인 문제는 법무법인에게 의뢰
하고, 중요한 항목에 대한 세무·회계적인 사항은 회계법인의 자문

을 받아둠으로써 외부 전문가의 눈을 통해 내부의 폐쇄된 시각을 교정할 수 있는 기회로 삼아야 할 것이다. 중소업체로서 용역비 지불에 부담이 가는 측면도 있을지 모르지만 전문성·투명성·신뢰성 측면에서 해당 업무 전문기관의 용역을 의뢰하는 것이 취지에도 맞다 할 것이다.

2. 경영분석을 위한 재무제표 작성

- 앞 장의 조직화에서 언급했다시피, 부문별 또는 사람별로 월별 이익달성 여부를 적기에 계획대비 실적을 잘 파악할 수 있도록, 독립채산방식의 손익계산을 작성·보고하도록 하여, 관리와 각 이익발생 담당자에게 그 현황과 원인분석 및 향후대책을 세울 수 있는 수단을 제공토록 하는 것이다(자료 12-1과 자료 12-2 참조).

- 특히 분기별로는 당해 분기 말 시점에서 사업년도의 연말을 예측하는 서류(year end forecast)를 세밀하게 토의하고 결론을 지어 연말을 예측하는 보고서를 작성토록 제도화시키는 것이 무엇보다도 중요하다 하겠다.

- 이 때 작성하는 분기별 연말예측 재무 보고 패키지(financial report package)에는 관리 계층에서 중요하게 검토해야 할 현금흐름 관계, 외상매출금 상황, 설비투자 계획 대 실천사항, 인원현황 등의 보고서도 포함되도록 했다(자료 12-3 참조).

- 이러한 여러 가지 경영분석용 재무관계 보고서를 작성토록 하는 것이 중소기업체로서는 지나친 업무 부하(load)를 부여하여 무리인 것같이 판단될 수도 있다. 그러나 몇 가지 사전적인 원칙과 준비사항만 갖추어놓으면, 즉 관련 부서 간 월별로 넘겨야 할 제반자료 제출 일자의 엄정 준수, 관련 자료의 공통화 및 표

준화, 몇 가지 비용계정의 코드 부여 등을 통한 컴퓨터화 등만 이루어진다면, 모든 자료가 필요용도에 따라 자동적으로 체계화되기 때문에 그렇게 많은 인력이 없어도 운용이 가능하다 하겠다.

- 가장 중요한 점은 이렇게 도출된 자료를 최고경영자나 회계담당자가 현황 파악과 장래 예측 및 대처방안의 강구라는 경영관리의 툴로서 좁은 의미로 사용하는 데 그치지 말고 관계 인원 모두가 보고 느끼도록 하기 위하여, 공지 내지 공표하도록 함으로써 시너지 효과에 의한 응집된 일체감의 형성이라는 소기의 목표를 거두도록 한다.

- 즉 1매 정도로 요약해 전체 종업원에게 게시하는 요약재무제표에는 인센티브 지불의 척도로 사용되기 때문에 전 종업원이 관심을 갖게 되는 투자자본이익률(ROIC) 및 매출채권 회전율(DSO)과 재고회전율 등이 표시되어 한눈에 볼 수 있도록 한 양식이 이용되었다(자료 12-4 참조).
또한 부문별(경우에 따라서 1인이 어느 영업부문을 담당하게 된 경우엔 인별로) 손익계산서는 위에서 언급했듯이 자기 업무 목표의 계획과 실적을 검토하고 월별로는 일정하지 않아 큰 의미가 없다면, 매분기에는 자신의 목표를 검토하고 확인하는 수단으로서 의미가 중요하다 하겠다.

- 부실채권관리 지침으로서 부실채권 관리표(aged & insolvency control)는 〈자료 12-3〉에서 알 수 있듯이 매출액의 0.2% 이내로 관리하여 그 목표가 무난히 잘 이루어졌다.

- 또한 부문별로 손익과 비용의 더 상세한 분석을 연구하는 별도 개별회의를 통해 제조와 판매부문의 이익률 정당성과 실체성, 제조부문에서는 가공과 조립부문별 수익창조에 기여한 요소 등

을 검토·토론토록 했다. 제조부문에서는 제품종류별로, 판매부문에서는 시장별·산업별 등으로 수치가능화 부분과 수치화가 어려운 부분은 현실감과 일치성 여부 등을 검토해보는 방식으로 시행해봄으로써, 관련 당사자 모두가 이익 발생 메커니즘을 이해하도록 했다. 즉 자기 부문 중점관리 사항의 우선 순위에 대해 생각하고 느끼는 기회를 갖게 하여, 경쟁력강화와 생산성 향상에 대한 자발적 제안을 유도토록 해야 한다는 것이다.
- 참고로 이상에서 사용된 몇 가지 용어의 정의와 개념을 소개한다.

(1) 매출원가(cost of sales : COS)
비용을 직접비(direct cost)와 간접비(fixed cost)로 구분하여 관리했으며, 일반적인 원가관리 기준과 동일하다.

가. 직접비
- 재료비(material) : BOM상에 표시되어 있는 소재, 부품 및 완제품 등의 구입비와 외주가공비 등
- 노무비(labor) : 부품 및 완제품 생산을 위한 검사업무자, 가공, 조립, 시험, 도장 및 포장(shipper 업무 포함)업무를 담당하는 자 등의 임금, 퇴직금 및 각종 복리후생 비용 등

나. 제조간접비
인력 비용으로서 생산현장에 직간접으로 관여하는 생산관리, 자재부, 기술부 등 인원의 임금, 퇴직금 및 각종 복리후생비용과 사무실 경비(office expenses), 생산공정과 관련된 고정자산의 감가상각비 및 유지보수 비용, 기타 외부 용역비를 포함시켰다.

(2) 투자자본이익률(return on invested capital : ROIC)

투자자본이익률 = (영업이익/투자자본)×100

가. 총자본이익률(ROA) 또는 투자수익률(ROI)의 측정방법을 본질적 내용을 훼손시키지 않고 실질적인 면을 고려하여 변형한 방법으로서, 투자자본은 현금과 내부거래에서 발생한 채권·채무 및 미지급법인세를 차감한 것이다. 그 이유로는

① 현금은 단지 기업의 단기지급능력을 좌우하는 지표일 뿐이며,

② 내부거래에서 발생하는 채권·채무를 차감하고, 기업의 순수한 외부거래에 의한 재무요인으로 계산한 금액만을 정확한 의미에서의 투자자본으로 본 것이다.

나. 계산방법은 다음과 같으며 매월 측정하여 투자자본에 대한 이익률을 관리지표로 잡았다.

ROIC : 연환산 영업이익 / 평균 투자자본{(전기말+당기말)/2}

(3) 매출채권 회전율

매출채권 회전기간(days of sales outstanding : DSO)

매출채권회전율 = {매출액/(받을어음+외상매출금)}

가. 외상매출금이나 받을어음이 회수되어 현금화되는 속도를 측정하는 비율로서, 회전율이 높을수록, 즉 매출액이 많거나 매출채권이 적을수록 대금회수가 좋은 것이다.

나. 회전율이 높을수록 DSO는 낮아지게 되는데, 이것은 매출하여 회수될 때까지의 기간을 말하는 것으로 DSO는 낮을수록 좋다.

다. 일수로 관리했으며, 본질적인 취지는 지키되 현실성을 살리기
위해 다음과 같은 방법으로 계산했다.
　DSO = (매출채권 / 지난 3개월 평균매출액) × 30

(4) 매입채무 회전율(days cost of sales outstanding : DSCO)
　매입채무에 대한 회전기간으로서, DSO가 채권에 대한 회전기간
인 반면, DSCO는 채무에 대한 회전기간을 측정함으로써, 당사의
지급능력의 양부를 판단하거나 협력업체들의 현금흐름에 조금이나
마 도움이 되었으면 하는 차원에서 측정 · 관리했다.
　일반적인 경영분석 교과서에서는 채입채무회전율을 매출액 대비
매입채무의 비율로 정의하나, 여기에서는 취지는 살리되 현실적인
면을 중시하여 공식으로 계산했다.

3. 예산 · 결산 · 예측 보고의 철저
(1) 월별 보고
　각 제품별 · 부문별 손익계산을 예산대비실제를 비교하고 매출액
을 분석해보는 것은 빠뜨려서는 안 될 중요한 업무다.
　어느 부문에서 계획과 실제 차이가 얼마만큼 발생했고 몇 %정도
달성했으며, 그 원인이 무엇이고, 따라서 언제쯤 목표를 만회할 수
가 있겠는지, 그러기 위해서는 향후 어떤 대책을 세워야 할지에 대
해 막연한 다짐이 아니라 실제를 보여줌으로써 인식의 단계를 달리
해주기 때문이다.
　주로 영업내용과 제 비용 항목 및 수익달성도 여부의 검토를 위주
로 했으나 사업개시 초기 또는 성장기 과정에는 운용자금의 부족과
활동성을 위해 현금흐름 상황을 면밀히 검토했다.

(2) 분기별 보고

매월별 상황으로는 매출부문이 일정치 않아 분기별 정도로 누적 집계된 수치를 통해 예산·결산과 해당 사업년도 말의 성과예측을 철저히 분석해보도록 한다.

이 때에는 설비투자계획과 실시상황, 인원계획, 외상매출금현황 등을 유심히 보아야 할 것이다. 원가절감을 위한 생산 및 자재구매 부문의 실제 원가계산을 회계상의 수치와 생산 및 구매부문에서 수행한 것으로 기록된 업무보고서와의 합치 여부도 살펴보는 것이 좋겠다.

참고로 〈자료 6-1〉에서 〈자료 6-8〉의 이익발생 메커니즘 분석용 및 수익성 검토자료의 수치를 갖고서 분기나 반기별로 〈표 12-1〉에 표시한 대로 각 부문별 팀장과 같이 훑어보고 분석하여 서로간에 교감을 공여토록 한다면 같은 방향을 향해 나가고 있다는 일체감 형성에 큰 도움이 되리라 생각한다.

4. 원가 관리

전문서적 등에 잘 나와 있기 때문에 상세한 기술은 생략한다. 연도별 제조원가(재료비 및 인건비)의 추세를 분석해보고 종업원의 연도별 실질 총수령액의 변화를 파악해본다든지, 직접 인건비/매출액, 제조간접비 중 인건비/매출액 및 자재비/매출액을 3~5년 간 추세로 파악해보고, 제품 단위수량당 직접비(자재비, 인건비), 제조간접비, 일반관리비, 판매비 등의 분석을 해보는 것이 도움이 되었다.

1. 판매와 제조부문
   매출 총이익(gross margin)률이 판매와 제조부문 양쪽에 합리적으로 배분되고 조정되었다고 생각하는가?

2. 영업 및 판매부문
   A. 각 영업 팀별로 또는 시장별로, 제품별로 매출총이익(gross income =sales contribution rate)률이 적절히 판매가격에 반영되었다고 보는가?
   B. 내수 및 수출부문의 판매가격은 적절한 수준이며, 각각의 매출 총이익률은 어떤가?
   C. 어느 부문이 최고의 매출총이익률을 기록하였으며, 그 이유는 무엇이고, 그 기여요소가 향후 2~3년 간도 계속 가능하리라 예측되는가? 더 강화시킬 방도가 있는가?
   D. 판매비용의 2~3가지 최대 항목은 무엇이며, 줄일 수 있는 방법은? 또한 다음 사업년도에는 어떠하리라 예상되는가?

3. 직접원가부문
   A. 직접비(재료비와 인건비)의 비율은 계획(예산)과 일치하는가?
   B. 제조간접비의 비용은 최소한으로 운용되고 있는가?
   C. 제조부문에서 발생한 이익과 그 기여관계가, 가공과 조립부문별로, 외주가공과 내부가공별로, 또는 제품별로 현실감과 비교해서 어떤 평가를 내릴 수 있겠는가?

4. 일반관리비
   일반관리비를 판매 및 제조부문에 나누어 부담시킨 비용과 서비스를 받은 측에서 느끼는 품질에 대한 평가는 어떠한가?

199X Annual Operating Plan
(Subsidiary :)

Rev. : 0

Date :

Prepared by :

1. Earnings Statement (Schedules 1-7)

   ☆ Schedules 1 - Consolidated (총괄)

   Schedules 2 - 제조부문

   ☆ Schedules 3 - 영업 I. II. III. IV.

   Schedules 4 - 시장별

   "Schedules 5 - 수출, 내수별"

   Schedules 6 - 제품별

   "Schedules 7 - G&A, Other Income (Expenses), Taxes"

2. Balance Sheet (Schedules 8)

3. Cash Flow (Schedules 9)

4. Manpower (Schedules 10)

☆ 5. Capital Expenditures (Schedules 11)

NOTE : ☆ 표시한 자료만 수록하였음.

A TYPE

1996 BUDGET
Local Currency
(000'S)

199X 예산(月別)
(BY MONTH)
CONSOLIDATED

SCHEDULE 2
REV : 1
DATE : OCT.,1996
PREPARED BY:

	1	2	3	4	5	6	7	8	9	10	11	12	TOTAL
Sales													
내 수	416,870	386,510	607,340	800,880	538,340	470,560	89,010	548,720	554,010	102,010	94,395	774,286	5,382,931
수 출	241,291	213,300	232,191	183,481	192,900	183,800	210,558	201,139	181,665	198,237	206,754	197,282	2,442,598
TTL Sales	658,161	599,810	839,531	984,361	731,240	654,360	299,568	749,859	735,675	300,247	301,149	971,568	7,825,529
Cost of Sales													
Direct	377,317	329,513	481,286	495,109	416,732	318,993	181,286	391,523	370,009	180,702	181,927	478,621	4,203,018
Fixed Manufacturing	82,066	71,307	98,477	102,354	85,243	67,992	42,948	85,881	79,110	42,449	42,889	99,606	900,322
TTL Cost of Sales	459,383	400,820	579,763	597,463	501,975	386,985	224,234	477,404	449,119	223,151	224,816	578,227	5,103,340
Licensing Fees	25,998	23,668	32,019	36,061	27,708	25,051	13,416	28,473	27,679	13,242	13,409	36,090	302,814
Contribution	172,780	175,322	227,749	350,837	201,557	242,324	61,918	243,982	258,877	63,854	62,924	357,251	2,419,375
Operating Exps.													
Selling:													
Commission & Disc.	40,527	32,291	52,074	78,628	52,674	44,196	8,041	46,112	45,641	9,341	8,580	75,181	493,286
Sell-Direct	21,609	21,565	21,550	23,125	23,275	23,024	23,084	23,024	23,114	23,306	23,093	23,228	272,997
Sell-Tech.SPT.	3,202	3,202	3,202	3,655	3,655	3,655	3,655	3,655	3,655	3,655	3,655	3,655	42,501
Sell-Admin.	8,676	8,676	9,176	8,610	8,910	8,310	8,360	8,360	8,660	8,960	8,360	9,999	105,057
TTL Selling Exp.	74,014	65,734	86,002	114,018	88,514	79,185	43,140	81,151	81,070	45,262	43,688	112,063	913,841
General & Adm.	20,930	27,657	27,146	25,898	23,722	26,332	23,091	22,971	27,460	23,521	23,220	26,741	298,689
Eng. and R&D													
TTL Operating Exp.	94,944	93,391	113,148	139,916	112,236	105,517	66,231	104,122	108,530	68,783	66,908	138,804	1,212,530
Operating Profit	77,836	81,931	114,601	210,921	89,321	136,807	-4,313	139,860	150,347	-4,929	-3,984	218,447	1,206,845
Other Inc(Exp.)	0	0	0	0	4,000	0	0	0	0	20,000	0	0	24,000
Profit Bef Tax	77,836	81,931	114,601	210,921	93,321	136,807	-4,313	139,860	150,347	15,071	-3,984	218,447	1,230,845
Income Tax	20,212	21,275	29,759	54,771	24,233	35,525	0	36,318	39,041	3,914	0	56,807	321,855
Net Income	57,624	60,656	84,842	156,150	69,088	101,282	-4,313	103,542	111,306	11,157	-3,984	161,640	908,990

B TYPE

*** PROFIT AND LOSS STATEMENT ***					SCHEDULE:		PAGE 1 OF 1
*** 1999 PLAN ***					CURRENCY: LOCAL		(IN 000'S)
REPORTING UNIT :					DATE ISSUED:DEC.07,1998		

* ENTITY * * PROFIT AND LOSS STATEMENT *	1997	1998	1999				
	ACTUAL	FORECAST	QTR 1	QTR 2	QTR 3	QTR 4	ANNUAL
내 수	3,567,901	6,049,666	2,488,043	1,343,631	1,535,131	1,266,614	6,633,419
수 출	2,993,077	2,281,751	595,041	997,157	615,707	656,671	2,864,576
Discounts							
Net Sales	6,560,978	8,331,417	3,083,084	2,340,788	2,150,838	1,923,285	9,497,995
Total Material Costs	2,866,754	3,720,089	1,346,158	1,289,614	1,019,914	994,940	4,650,626
Total Labor Cost of Sales	480,713	523,270	156,616	161,793	127,179	129,399	574,987
Other/ Misc Cost of Sales (Boxing)	89,734	117,221	42,780	38,123	32,637	32,349	145,889
Direct Cost of Sales	3,437,201	4,360,580	1,545,554	1,489,530	1,179,730	1,156,688	5,371,502
Fixed Overhead Expenses	862,243	757,012	252,285	219,670	217,942	186,716	876,613
Total Cost of Sales	4,299,444	5,117,592	1,797,839	1,709,200	1,397,672	1,343,404	6,248,115
Licensing Fees	343,715	424,339	161,038	127,422	108,251	102,557	499,268
Gross Margin	1,917,819	2,789,486	1,124,207	504,166	644,915	477,324	2,750,612
Operating Expenses:							
Commission Expense	264,486	522,339	283,496	87,283	110,849	73,143	554,771
Selling	461,918	517,537	108,163	127,837	112,921	139,719	488,640
Marketing							-
General & Administrative	361,347	344,504	90,258	79,125	79,089	96,457	344,929
Engineering							-
Research & Development							-
Total Operating Expenses	1,087,751	1,384,380	481,917	294,245	302,859	309,319	1,388,340
Other Operating Income/(Expense)	482,631	9,624					-
Operating Income	1,312,699	1,414,730	642,290	209,921	342,056	168,005	1,362,272
Other Financing Income/(Expense)	127,203	162,618	22,600	3,200	5,300	40,900	72,000
Profit Before Tax	1,439,902	1,577,348	664,890	213,121	347,356	208,905	1,434,272
Tax	358,750	378,098	154,253	50,048	89,991	48,465	342,757
Net Profit/(Loss)	1,081,152	1,199,250	510,637	163,073	257,365	160,440	1,091,515
Percentages to Sales:							
Material	43.7%	44.7%	43.7%	55.1%	47.4%	51.7%	49.0%
Labor	7.3%	6.3%	5.1%	6.9%	5.9%	6.7%	6.1%
Direct Cost of Sales	52.4%	52.3%	50.1%	63.6%	54.8%	60.1%	56.6%
Fixed Manufacturing Costs	13.1%	9.1%	8.2%	9.4%	10.1%	9.7%	9.2%
Sales & Marketing	7.0%	6.2%	3.5%	5.5%	5.3%	7.3%	5.1%
Operating Expenses	16.6%	16.6%	15.6%	12.6%	14.1%	16.1%	14.6%
Operating Income	20.0%	17.0%	20.8%	9.0%	15.9%	8.7%	14.3%
Memo Items:							
Depreciation							
Warranty Costs							
Scrap/Rework Costs							

1996 BUDGET
Local Currency
(000'S)

199X BUDGET SUMMARY
(영업부문별)
SUBSIDIARY

SCHEDULE 2
REV : 1
DATE : OCT.
PREPARED BY

	CONSOL-IDATED	ELIM.	OPER. EXPENSE	TOTAL MAJOR MARKETS	영업 I	영업 II	영업 III	영업 IV	TOTAL AFTER MARKETS	영업 V	SERVICE & REPAIR	199X BUDGET MFG.
Sales												
내 수	5,382,931	3,148,611		5,182,931	384,615	115,385	3,913,700	769,231	200,000	76,923	123,077	3,148,611
수 출	2,442,598			0	0	0		0				2,442,598
TTL Sales	7,825,529	3,148,611	0	5,182,931	384,615	115,385	3,913,700	769,231	200,000	76,923	123,077	5,591,209
Cost of Sales												
Direct	4,203,018	3,148,611		3,074,739	280,920	73,659	2,229,228	490,932	73,872	36,936	36,936	4,203,018
Fixed Manufacturing	900,322			0	0	0	0	0	0		0	900,322
TTL Cost of Sales	5,103,340	3,148,611	0	3,074,739	280,920	73,659	2,229,228	490,932	73,872	36,936	36,936	5,103,340
Licensing Fees	302,814											302,814
Contribution	2,419,375	0	0	2,108,192	103,695	41,726	1,684,472	278,299	126,128	39,987	86,141	185,055
Operating Exps.												
Selling:												
Commission & Disc.	493,286		0	485,594	38,462	11,539	391,370	44,223	7,692	7,692	0	
Sell-Direct	272,997			203,922	0	0	165,141	38,781	69,075	0	69,075	
Sell-Tech.SPT.	42,501			42,501	0	0	42,501	0	0	0	0	
Sell-Admin.	105,057			105,057	0	0	105,057	0	0	0	0	
TTL Selling Exp.	913,841	0	0	837,074	38,462	11,539	704,069	83,004	76,767	7,692	69,075	0
General & Adm.	298,689		298,689	0								
Eng. and R&D	0			0								
TTL Operating Exp.	1,212,530	0	298,689	837,074	38,462	11,539	704,069	83,004	76,767	7,692	69,075	0
Operating Profit	1,206,845	0	-298,689	1,271,118	65,233	30,187	980,403	195,295	49,361	32,295	17,066	185,055
Other Inc(Exp.)	24,000		24,000	0								
Profit Bef Tax	1,230,845	0	-274,689	1,271,118	65,233	30,187	980,403	195,295	49,361	32,295	17,066	185,055
Income Tax	321,856											
Net Income	908,989	0	-274,689	1,271,118	65,233	30,187	980,403	195,295	49,361	32,295	17,066	185,055

```
                            THREE YEARR PLAN
                            CAPITAL BUDGET
LOCAL CURRENCY              SUBSIDIARY ::
   (000'S)
```

	1995 BUDGET	1995 PROJECTED	1996 BUDGET	1997 FORECAST	1998 FORECAST
BUILDINGS					
WAEEHOUSE			12,600		
TOTAL BUILDINGS	0	0	12,600	0	0
FURNITURE & FIXTURES					
COMPUTER & PRINTER	10,000	20,000	18,140	10,000	10,000
DESK & CHAIR	5,000	8,000	5,000		
VEHICLE	30,000	55,932	10,000	10,000	
OTHERS				5,000	5,000
TOTAL FURNITURE & FIXTURES	45,000	83,932	33,140	25,000	15,000
MACHINERY & EQUIPMENT					
PATTERN	50,000	130,000	155,600	100,000	100,000
CRANE		25,000	12,600		
MEASURING INSTRUMENT			20,490	5,000	5,000
JIG & FIXTURE			12,000		
CMM			16,000	15,000	15,000
PAINT BOOTH			25,000		
WASHING SHOP					
COATING SHOP					
FORK-LIFT					
METALZING GUN SET					
FORK-LIFT	13,000	13,000			
TEST MOTOR	8,000				
WELDING SETS	8,000				
CNC	160,000	170,000			
OTHERS	2,000	7,500		50,000	50,000
TOTAL MACHINERY & EQUIPMENT	241,000	345,500	241,690	170,000	170,000
TOTAL CAPITAL EXPENDITURES	286,000	429,432	287,430	195,000	185,000

199X MONTHLY FINANCIAL REPORTING

1. MONTHLY BALANCE SHEET
☆2. MONTHLY CONSOLODATED P & L(ACT. VS BUDGET)
3. MONTHLY G&A, R&D, OTHER INCOME (EXPENSE) P&L
   (ACT. VS BUDGET)
☆4. MONTHLY X MARKET P&L (ACT. VS BUDGET) : A TYPE
5. MONTHLY Y MARKET P&L (ACT. VS BUDGET)
☆6. MONTHLY Z MARKET P&L (ACT. VS BUDGET) : B TYPE
7. MANUFACTURING P&L (ACT. VS BUDGET)
8. INVENTORY

NOTE : 전체 내용을 이해하기 위하여 목차를 표시하였으나, ☆표
시한 자료만 수록하였음.

Period :OCT. 1996
Local Currency
(000'S)

KOREA
CONSOLIDATED

REV : 0
DATE : NOV.08,1996
PREPARED BY:
CHECKED BY :

	Current Period Actual	%	Current Period Budget	%	YTD Actual	%	YTD Budget	%	ACT-BUD	ACT/BUD %
Sales										
내 수	738,187	77%	102,010	34%	4,436,356	59%	4,514,250	69%	−77,894	98%
수 출	222,543	23%	198,237	66%	3,064,102	41%	2,038,562	31%	1,025,540	150%
TTL Sales	960,730	100%	300,247	100%	7,500,458	100%	6,552,812	100%	947,646	114%
Cost of Sales										
Direct	477,919	50%	180,702	60%	4,254,860	57%	3,542,470	54%	712,390	120%
Fixed Manufacturing	105,200	11%	42,449	14%	585,860	8%	757,827	12%	−171,967	77%
TTL Cost of Sales	583,119	61%	223,151	74%	4,840,720	65%	4,300,297	66%	540,423	113%
Licensing Fees	38,134	4%	13,242	4%	363,123	5%	253,315	4%	109,808	143%
Contribution	339,477	35%	63,854	21%	2,296,615	31%	1,999,200	31%	297,415	115%
Selling expense:										
Commission & Disc.	73,854	8%	9,341	3%	392,724	5%	409,525	6%	−16,801	96%
Fised selling expenses										
Sell- Direct	18,227	2%	23,306	8%	184,702	2%	226,656	3%	−41,954	81%
Sell- Tech. Support	4,109	0%	3,655	1%	40,666	1%	35,191	1%	5,475	116%
Sell- Admin.	5,848	1%	8,960	3%	84,690	1%	86,698	1%	−2,008	98%
Total Fixed Selling	28,184	3%	35,921	12%	310,058	4%	348,545	5%	−38,487	89%
Total Selling Exps.	102,038	11%	45,262	15%	702,782	9%	758,070	12%	−55,288	93%
General & Adm. Eng. and R&D	23,445	2%	23,521	8%	261,113	3%	248,728	4%	12,385	105%
TTL Operating Exp.	125,483	13%	68,783	23%	963,895	13%	1,006,798	15%	−42,903	96%
Operating Profit	213,994	22%	−4,929	−2%	1,332,720	18%	992,402	15%	340,318	134%
Other Inc(Exp.)	13,833	1%	20,000	7%	32,012	0%	24,000	0%	8,012	133%
Profit Bef Tax	227,827	24%	15,071	5%	1,364,732	18%	1,016,402	16%	348,330	134%
Income Tax	59,235	6%	3,914	1%	367,734	5%	265,048	4%	102,686	139%
Net Income	168,592	18%	11,157	4%	996,998	13%	751,354	11%	245,644	133%

A TYPE

Period :OCT. 1996
Local Currency
(000'S)

KOREA
(X MARKET 부문)

REV : 0
DATE : NOV.08,1996
PREPARED BY:
CHECKED BY :

	Current Period Actual	%	Current Period Budget	%	YTD Actual	%	YTD Budget	%	ACT-BUD	ACT/BUD %
Sales										
내 수	466,777	65%	–	0%	2,692,979	74%	3,006,650	93%	-313,671	90%
수 출	248,646	35%		0%	945,948	26%	236,500	7%	709,448	400%
TTL Sales	715,423	100%	–	0%	3,638,927	100%	3,243,150	100%	395,777	112%
Cost of Sales										
Direct	423,245	59%	–	0%	2,287,896	63%	1,870,873	58%	417,023	122%
Fixed Manufacturing										
TTL Cost of Sales	423,245	59%	–	0%	2,287,896	63%	1,870,873	58%	417,023	122%
Licensing Fees										
Contribution	292,178	41%	–	0%	1,351,031	37%	1,372,277	42%	-21,248	98%
Selling expense:										
Commission & Disc.	72,246	10%	–	0%	337,434	9%	324,315	10%	13,119	104%
Fised selling expenses										
Sell- Direct	9,730	1%	13,965	0%	92,390	3%	137,211	4%	-44,821	67%
Sell- Tech. Support	4,109	1%	3,655	0%	40,666	1%	35,191	1%	5,475	116%
Sell- Admin.	5,848	1%	8,960	0%	84,690	2%	86,698	3%	-2,008	98%
Total Fixed Selling	19,687	3%	26,580	0%	217,746	6%	259,100	8%	-41,354	84%
Total Selling Exps.	91,933	3%	26,580	0%	555,180	15%	583,415	8%	-28,235	95%
General & Adm.										
Eng. and R&D										
TTL Operating Exp.	91,933	13%	26,580	0%	555,180	15%	583,415	18%	-28,235	95%
Operating Profit	200,245	28%	-26,580	0%	795,851	22%	788,862	24%	6,989	101%

B TYPE

XXX
Subsidiary ______________
Month ______________

Local Currency (000's)
(Current Month Only)

	A 시장	B 시장	C 시장	D 시장	Consolidated
영업 I				38,545	38,545
영업 II	5,700				5,700
영업 III		937,565	56,667		994,232
영업 IV	499	8,556			9,055
영업 V				4,589	4,589
Consolidated	6,199	946,121	56,667	43,134	1,052,121

199X QUARTERLY FINANCIAL REPORTING

1. BALANCE SHEET BY PERIOD

2. CONSOLODATED P & L BY PERIOD

3. YTD ACTUAL SUMMARY P & L BY INDUSTRY-SCHEDULE 1

☆4. YEAR-END FORECAST

5. G & A, R & D, OTHER INCOME(EXPENSE) BY PERIOD-SCHEDULE 2

6. A 시장 BY PERIOD-SCHEDULE 2

7. B 시장 BY PERIOD-SCHEDULE 2

8. C 시장 BY PERIOD-SCHEDULE 2

9. MANUACTURING BY PERIOD-SCHEDULE 2

10. 수출부문-SCHEDULE 3

☆11. ACCOUNT RECEIVABLES LIST

☆12. AGED RECEIVABLES

13. FIXED ASSETS-SCHEDULE 6

14. LONG-TERM DEBT-SCHEDULE 7

15. SHAREHOLDERS' EQUITY-SCHEDULE 8

16. INVENTORY-SCHEDULE 9

17. MANPOWER-SCHEDULE 10

A Type

1996 P & L FORECAST SUMMARY
BY INDUSTRY

SCHEDULE 5

LOCAL CURRENCY
(000'S)

ANNUAL
1998BUDGET

	CONSOL-IDATED	ELIM.	OPER EXPENSE	TOTAL ENGIN'RD SYSTEMS	영업 I	영업 II	영업 III	영업 IV	TOTAL AFTER MARKETS	영업 V	영업 VI	MFG.
SALES												
내 수	3,698,169	2,368,444	-	3,550,775	328,709	-	2,923,504	298,562	147,394	3,950	143,444	2,368,444
수 출	2,841,559	-	-	-	-		-	-	-			2,841,559
TOTAL SALES	6,539,728	2,368,444	-	3,550,775	328,709	-	2,923,504	298,562	147,394	3,950	143,444	5,210,003
COST OF SALES			-									
DIRECT	3,776,941	2,368,444	-	2,296,291	228,480		1,864,651	203,160	72,153	2,121	70,032	3,776,941
FIXED MANUFACTURING	480,660	-	-	-	-	0	-	-	-	-	-	480,660
TOTAL COST OF SALES	4,257,601	2,368,444	-	2,296,291	228,480	-	1,864,651	203,160	72,153	2,121	70,032	4,257,601
LICENSING FEES	324,989											324,989
CONTRIBUTION	1,957,138		-	1,254,484	100,229	-	1,058,853	95,402	75,241	1,829	73,412	627,413
SELLING EXPENSE:												
COMMISSIONS & DISC.	318,870			316,791	32,869		265,188	18,734	2,079	316	1,763	
FIXED SELLING EXPENSES												
SELLING - DIRECT	181,475			123,491	15,000	-	82,660	25,831	57,984	-	57,984	
SELLING -TECH. SUPPORT	36,557			36,557	-	-	36,557	-	-	-	-	
SELLING - ADMINISTRATION	78,842			78,842	-	-	78,842	-	-	-	-	
TOTAL FIXED SELLING	296,874			238,890	15,000	-	198,059	25,831	57,984	-	57,984	
TOTAL SELLING EXPENSE	615,744			555,681	47,869	-	463,247	44,565	60,063	316	59,747	
GENERAL & ADMINISTRATION	237,668		237,668									
ENGINEERING AND R&D			-									
TTL OPERATING EXPENSE	853,412		237,668	555,681	47,869		463,247	44,565	60,063	316	59,747	
OPERATING PROFIT	1,103,726		-237,668	698,803	52,360	-	595,606	50,837	15,178	1,513	13,665	627,413
OTHER INCOME/(EXPENSE)	18,179		18,179									
PROFIT BEFORE TAX	1,121,905											
INCOME TAX	308,499											
NET INCOME	813,406											

B Type

REPORTING UNIT :   MONTH: FEB   CURRENCY: LOCAL (IN 000'S)   DATE ISSUED: Mar.04,1999

* ENTITY * * PROFIT AND LOSS STATEMENT *	MONTHS												
	ACTUAL									FORECAST			
	JAN	FEB	MAR	APR	MAY	JUNE	JULY	AUG	SEPT	OCT	NOV	DEC	ANNUAL
내 수	706,717	194,785	275,417	118,644	486,457	481,647	920,399	594,730	185,160	651,576	418,625	156,323	5,190,480
수 출	113,274	283,541	369,858	436,056	201,364	362,980	321,914	405,293	700,614	592,512	295,648	397,352	4,480,406
Discounts													0
Net Sales	819,991	478,326	645,275	554,700	687,821	844,627	1,242,313	1,000,023	885,774	1,244,088	714,273	553,675	9,670,886
Total Material Costs	411,541	291,577	324,077	332,154	351,625	471,802	628,087	511,799	486,603	708,096	401,656	310,923	5,229,940
Total Labor Cost of Sales	42,846	42,068	50,407	49,773	38,480	59,995	59,603	58,666	77,675	58,359	43,464	43,782	625,118
Other/ Misc Cost of Sales	11,990	10,078	11,237	11,592	11,482	15,615	13,836	18,732	13,005	19,882	14,535	10,914	162,898
Direct Cost of Sales	466,377	343,723	385,721	393,519	401,587	547,412	701,526	589,197	577,283	786,337	459,655	365,619	6,017,956
Fixed Overhead Expenses	75,977	79,099	64,902	75,652	77,485	81,030	69,342	72,912	75,448	75,743	69,866	35,667	853,123
Total Cost of Sales	542,354	422,822	450,623	469,171	479,072	628,442	770,868	662,109	652,731	862,080	529,521	401,286	6,871,079
Licensing Fees	29,944	27,139	39,287	35,419	30,667	42,917	61,691	47,048	56,904	65,617	38,286	35,328	510,247
Gross Margin	247,693	28,365	155,365	50,110	178,082	173,268	409,754	290,866	176,139	316,391	146,466	117,061	2,289,560
Operating Expenses:													
Commission Expense	66,676	11,229	27,617	5,966	59,676	44,490	84,582	50,043	6,387	35,718	6,972	9,768	409,124
Selling	27,117	31,750	49,514	31,440	33,437	36,512	32,724	44,639	43,862	51,753	39,301	35,362	457,411
Marketing													0
General & Administrative	25,459	30,791	49,560	34,641	41,874	33,474	28,677	31,393	34,274	29,640	30,669	28,463	398,915
Engineering													0
Research & Development													0
Total Operating Expenses	119,252	73,770	126,691	72,047	134,987	114,476	145,983	126,075	84,523	117,111	76,942	73,593	1,265,450
Other Operating Income/(Expense)	-89,649	140,516	27,861	-284	2,838	868	632	-4,794	2,087				80,075
Operating Income	38,792	95,111	56,535	-22,221	45,933	59,660	264,403	159,997	93,703	199,280	69,524	43,468	1,104,185
Other Financing Income/(Expense)	3,349	12,618	14,003	-37,433	29,259	-38,971	108,466	-29,404	72,276	4,300	4,300	12,000	154,763
Profit Before Tax	42,141	107,729	70,538	-59,654	75,192	20,689	372,869	130,593	165,979	203,580	73,824	55,468	1,258,948
Tax	5,933	20,435	17,382	0	0	0	100,800	32,178	40,897	50,162	18,190	13,668	299,645
Net Profit/(Loss)	36,208	87,294	53,156	-59,654	75,192	20,689	272,069	98,415	125,082	153,418	55,634	41,800	959,303
Percentages to Sales:													
Material	50.2%	61.0%	50.2%	59.9%	51.1%	55.9%	50.6%	51.2%	54.9%	56.9%	56.2%	56.2%	54.1%
Labor	5.2%	8.8%	7.8%	9.0%	5.6%	7.1%	4.8%	5.9%	8.8%	4.7%	6.1%	7.9%	6.5%
Direct Cost of Sales	56.9%	71.9%	59.8%	70.9%	58.4%	64.8%	56.5%	58.9%	65.2%	63.2%	64.4%	66.0%	62.2%
Fixed Manufacturing Costs	9.3%	16.5%	10.1%	13.6%	11.3%	9.6%	5.6%	7.3%	8.5%	6.1%	9.8%	6.4%	8.8%
Sales & Marketing	3.3%	6.6%	7.7%	5.7%	4.9%	4.3%	2.6%	4.5%	5.0%	4.2%	5.5%	6.4%	4.7%
Operating Expenses	14.5%	15.4%	19.6%	13.0%	19.6%	13.6%	11.8%	12.6%	9.5%	9.4%	10.8%	13.3%	13.1%
Operating Income	4.7%	19.9%	8.8%	-4.0%	6.7%	7.1%	21.3%	16.0%	10.6%	16.0%	9.7%	7.9%	11.4%
Memo Items:													
Depreciation	24,275	24,275	24,890	25,209	25,199	25,999	26,290	26,290	25,423	29,847	29,847	29,847	317,391
Warranty Costs	231	157	4,208	7,335	0	755	1,052	875	1,799	1,730	1,730	1,730	21,602
Scrap/Rework Costs													0

Account Receivables List(OCT.)

Rev.:0
Date:July 28,2000

Local currency	Client	Shipment Date	(A) Amounts USD	(B) Amounts Local currnecy	(C) Exchange Rate	(D) (A) X (C) Tranlated into Korea Won	(E) (D) - (B) Remark	Section
Distributor	Ahlstrom	8/25/98	$84,955.00	109,167,175	1,313.80	111,613,879	2,446,704	A
	XXX	8/31/98		2,420,000				B
	Ahlstrom	9/24/98	$56,277.00	76,885,636	1,313.80	73,936,723	(2,948,913)	A
	Ahlstrom	9/29/98	$38,768.00	52,507,378	1,313.80	50,933,398	(1,573,980)	A
	Shin	9/14/98		2,950,000				B
	Filtres	9/15/98	$1,200.00	1,633,560	1,313.80	1,576,560	(57,000)	A
	YYY	10/28/98		14,256,000				A
	Seong	10/30/98		1,841,400				A
	Seong	10/31/98		15,400,000				A
	Moritani	10/01/98	$1,148.00	1,566,675	1,313.80	1,508,242	(58,433)	A
	Ahlstrom	10/16/98	$147.00	192,010	1,313.80	193,129	1,119	A
	ZZZ	10/23/98	$50,923.00	65,960,561	1,313.80	66,902,637	942,076	A
	Ahlstrom	10/30/98		4,712,840				A
	Ahlstrom	10/31/98	$27,333.00	35,404,433	1,313.80	35,910,095	505,662	A
Total			$260,751.00	384,897,668				
XX	PAPER	9/16/98		4,400,000				B
	JEIL	9/25/98		2,530,000				B
	FAI	10/01/98		132,000				A
	SHI	10/01/98		1,430,000				A
Total			$0.00	8,492,000		-		
YY	Da	1/08/97		4,009,000				D
	Wu	06/01/98		55,270				A
	JEIL	07/01/98	$8,418.63	11,873,372	1,313.80	11,060,396	(812,976)	D
	FAI	09/17/98	$111,934.00	152,375,754	1,313.80	147,058,889	(5,316,865)	A
	SHI	10/19/98	$394,896.00	516,168,561	1,313.80	518,814,365	2,645,804	A
	Wujing	09/17/98	$49,362.00	64,521,070	1,313.80	64,851,796	330,726	A
Total			$564,610.63	749,003,027			(3,153,311)	
G.Total			$825,361.63	1,142,392,695			(3,896,076)	

NOTE : This is gross amount.

A : Aged 0-30 Days.

B : Aged 31-60 Days.

C : Aged 61-90 Days.

D : Over 91 Days.

(E):UNREALIZED (3,896,076)

XXX COMPANY
AGED RECEIVABLES

SUBSIDARY   NASH KOREA LTD.   SCHEDULE4

MONTH   **N O V E M B E R**   (MONTHLY)

(COMPLETED IN LOCAL CURRENCY)

TOTAL TRADE RECEIVABLES (PER BALANCE SHEET) (A)	0 TO 30 DAYS	31 TO 60 DAYS	61 TO 90 DAYS	OVER 90 DAYS
		A G E		
1,243,516,284	1,224,362,512	3,271,400	-	15,882,372

NOTE(A): Included Allow. for Doubtful Accts. 8,262,934won.

U.S.$ I$ **767,411.88**   AMOUNT OF $.US. DOLLAR DENOMINATION INCLUDED IN TOTAL TRADE RECEIVABLES.

ACCOUNTS OVER 60 DAYS PAST DUE-VALUE OVER EQUIVALENT US$

CUSTOMER JOB/NAME	CUSTOMER ORDER NO.	NASH ORDER NO.	INVOICE DATE	VALUE (LOCAL)	Reason for delay
N	O	N	E		

NOTE: Please see attached Accounts Receivables List and Note receivables List.

XXX COMPANY
FINANCIAL REPORTS

Period:
USD(000')

Rev.: 0
Date:
Pred by:

BALANCE SHEET SUMMARY

	TARGETS	CURRNET MONTH	LAST MONTH	BEG. YEAR
CASH		836	325	2,744
TRADE RECEIVABLES		864	1,408	520
DSO	47	52	74	20
INVENTORY		1,209	1,179	666
TURNS	7	5	5	6
PROPERTY,PLANT&EQUIP.		1,320	1,321	1,375
OTHER ASSETS		88	49	216
ACCOUNTS PAYABLE/CUSTOMER ADVANCES		1,564	1,396	917
DCSO	48	56	54	66
OTHER LIABILITIES		82	72	–
INVESTED CAPITAL (EXCLUDING CASH)		1,834	2,490	1,860

PROFIT/LOSS STATEMENT

		CURRENT CACTUAL	MONTH PLAN	YTD ACTUAL	YTD PLAN
SALES		738	283	5,966	6,312
GROSS INCOME		147	22	1,425	1,894
		20%	8%	24%	30%
OPERATING EXPENSES		70	60	832	899
		9%	21%	14%	14%
OTHER OPERATING INC(EXP)		2	–	67	–
		0%	0	1%	0%
OPERATING INCOME	(B)	78	(38)	660	995
		11%	−13%	11%	16%
OTHER INC(EXP)		60	4	112	26
		8%	0	2%	0%
PROFIT BEFORE TAX		138	(34)	772	1,021
		19%	−12%	13%	16%
NET INCOME		104	(34)	590	776
		14%	−12%	10%	12%
RETURN ON INVESTED CAPITAL	(B)/(A)	43%			

NOTE:Exchange rate 1,200won/1$

  성과급 지불에 관해서만 간단히 언급하고자 한다.

  업무달성도에 따라 지급하는 성과급(employee incentive payment : EIP)은 동기유발을 충분히 충동시킬 만큼 고액이면 더할 나위 없이 좋겠지만, 소액이라 할지라도 팀으로서 일정한 목표를 달성하겠다는 결집된 참여의식을 도모한다는 취지에서라도 꼭 실행해볼 필요가 있어 추천하고 싶다.

  성과급의 실시는 2종으로 나누어서, 소정의 이익목표를 달성했을 때 전 종업원이 팀으로서 받는 종류와, 영업부문 팀장과 각 부문 팀장이 직접 제시한 업무목표를 달성한 정도에 따라 개인에게 지불하는 두 가지 방법을 시행했다. 인간의 심리라는 것이 처음엔 적은 금액이라고 냉소적으로 인식하고 대범한 척하며 의식하지 않는 듯한 자세를 취하다가도 나중엔 소액이라 하더라도 받게 되면 기뻐하게 되고, 못 받게 되면 금액의 다소를 떠나서 아쉽고 서운하게 생각하는 게 일반적인 것 같다.

  앞에서도 보상체제 확립의 필요성을 기술하기도 했지만, 중소기업 규모에서는 그 필요성을 절감하면서도 성과급제도를 실시하기엔 여러 가지 문제가 많다. 우선 적은 관리 인원으로 종업원의 업무성과를 종업원들이 직접 비교해보아도 납득할 만큼 어떻게 공평하게 평가하는 제도를 정착시키느냐 하는 점일 것이다. 그렇다고 모두에게 일률적으로 지급하자니 성과급의 의미가 퇴색하는 것 같고, 차등 지급하려니 업무성과를 평가하는 객관적이고 엄정한 기준을 세우기가 어렵다. 따라서 2종으로 간단히 나누어 회사 이익목표 달성에 기여한 팀워크에 대한 전체 지급 몫과 경영관리 의사결정에 참여하게 되는 몇몇 지정된 자에게 그 기여도에 따라 차별화한 몫으로 지불하는 두 가지로 나누어 실시케 된 것이다.

회사 종업원 전체가 일정한 이익목표를 달성했을 때의 성과급 제도와 각 부문 장 및 핵심 영업요원에게 적용한 제2종 성과급 제도에 대해서는 〈자료 12-5〉를 참조하기 바란다.

또한 제2종 성과급에 해당되는 핵심 직원에 대해서는 〈자료 12-6〉과 같은 고과가 행해졌다.

성과급 지급규정

성과급(enterprise incentive plan: EIP)은 2종으로 나누어 실시했다. 각 항목마다 목적, 정의, 수령자격, 운용방안, 금액산정방법, 수령신분 해지 등에 관해 자세한 규정이 있어 개개인에게 통보되어 분쟁이나 오해가 없도록 했다. 여기에서는 모든 내용을 기술하기는 어려워 간단히 이해할 수 있는 정도로만 소개하기로 하겠다.

A. 제일종 성과급(base plan)
1. 목적: 회사의 경영성과와 연관된 종업원의 업무성과에 대한 보상으로서, 팀워크와 사업부문 간의 협조성과 종업원의 노력 등을 함양하기 위한 목적으로 지불하였다.
2. 방법: 경영자가 노사협의회와 협의하여 연도별로 회사의 운영수익 목표금액을 정하고, 이익목표 달성에 따른 지급률을 정한다. 연간 목표이익을 분기별로 나누어 분기별 이익목표를 정하고 만일 회사의 운영수익이 분기별 목표를 달성하게 되면 공표한 만큼의 성과급을 종업원 전원에게 연봉의 일정 %를 기준으로 지급하게 된다. 만일 이 때 목표액보다 성과가 미달하면 낮은 율로, 초과하면 높은 율로 지불하되 〈별표 1〉과 같이 운영하였다.
3. 지급시기: 각 분기말 재무보고서 마감 후 4주일째 기준으로 지급했다.

B. 제이종 성과급(supplemental plan)
1. 목적: 회사의 경영성과에 대한 특수업무 수행자에 대한 보상으로서, 회사의 재무적 · 전략적 성과에 실질적인 기여를 한 인원과 회사 경영성과와 관련하여 독자적인 판단과 의사결정과정에 참여한 업무 종사자 중 사장이나 이사회에서 정한 인원에게 지불하였다.
2. 방법: 제1종 성과급과 같은 방법으로 하되, 전체 100%를 회사의 운영수익 달성도에 따른 일정률(예를 들어 70%)과 특별한 부문별 · 개인별 목표를 정하고 그 목표달성 여부에 따른 일정률(예를 들어 나머지 30%)로 구성하게끔 하여 지불토록 하되 이 지급은 제1종 성과급과 병행하여 〈별표 2〉와 같이 지급했다.
3. 지급시기: 1년 단위로 지급했으며, 통상 사업년도 마감 후 그 다음 1/4분기 이내에 지급하였다.

〈별표 1〉: 연간 계획

Enterprise Incentive Plan (EIP)
Base Plan

Base Plan
Payout Schedule

Operating Income
[Annual]

Operating income	Threshold	Payout %
$800,000	0.33	1.33%
$1,200,000	0.50	2.00%
$1,600,000	0.67	2.66%
$2,000,000	1.00	4.00%
$2,500,000	1.08	4.32%
$2,950,000	1.16	4.64%
$3,450,000	1.25	5.00%
$3,950,000	1.35	5.40%
$4,500,000	1.50	6.00%
$5,000,000	2.00	8.00%

〈별표 1〉: 분기 계획

Enterprise Incentive Plan (EIP)
Base Plan

Base Plan
Payout Schedule

Operating Income
[Quarterly]

Operating income	Threshold	Payout %
$200,000	0.33	1.33%
$300,000	0.50	2.00%
$400,000	0.67	2.66%
$500,000	1.00	4.00%
$625,000	1.08	4.32%
$737,500	1.16	4.64%
$862,500	1.25	5.00%
$987,500	1.35	5.40%
$1,125,000	1.50	6.00%
$1,250,000	2.00	8.00%

〈별표 1〉: 분기 계획

〈별표 2〉

Enterprise Incentive Plan (EIP)
Year 2000 Plan

Supplemental Plan
Payout Schedule
Operating Income (OI)

Operating Income	Threshold 1/	Payout % (個人別로 기준율이 각각 4,6,8%등으로 차등화 결정함)
$1,750,000	0.70	
$2,000,000	0.80	
$2,500,000	1.00	4, 6, 8, 12%
$2,950,000	1.18	
$3,450,000	1.38	
$3,950,000	1.58	
$4,500,000	1.80	
$5,000,000	2.00	

1 /80% of Supplemental EIP Bonus payout is based on attainment of financial goals, and calculated based on 80% of Threshold number (e.g., 80% of.70 Threshold = 56%).

EMPLOYEE ANNUAL PERFORMANCE EVALUATION

Employee: ______________________   **Time on Position:** ______________

Title: ______________________   **Date of Hire:** ______________

Supervisor: ______________________

Scale:

Rating		Merit Range
1	Excellent	up to 2X Avg Merit
2	Meets Full Requirements	Average Merit
3	Needs Improvement	0%

	1	2	3
1) Overall attainment of objectives for the year:	X		
2) Performance on unanticipated significant assignments:		X	
3) Job knowledge and technical/functional skills:		X	
4) Skill level of communications – written and oral:		X	
5) Leadership and people skills, ability to develop others:	X		
6) EEO– AAP, other legal/compliance management:		X	
7) Customer and/or vendor satisfaction attained: (internal and external customers)		X	
8) Teamwork, fosters cooperation:	X		
9) Creativity, innovation, adaptability:		X	
10) Judgment:	X		
11) Problem solving, ability to "think in action"		X	
OVERALL		X	

Name: Supervisor:

Title:

Employee's Strengths:

- Strong leadership skills, Team builder
- Diligent follow—up
- Reliable,Informative business communications

Areas of Developmet:

- Sales and Marketing experience

Discussion/Summary:

is a strong and effective leader with an admirable commitment to teamwork.is
always rdady to do whatever it takes to support his colleagues for the good of the
enterprise.His loyalty,his personal integrity and his professionalism provide a valuable
role model for his entire organisateon.

also does an exceptional job in management reporting . His monthly reports and bi—
weekly teleconferences are well organized,thorough and informative.

With the recent changes in organization,has assumed responsibility for the
Seoul sales office, In this new responsibility with support from the Corporate Sales
and Markering activities,has an opportunity to become more directly involved with the
customers and to develop his selling skills.

Employee's Comments:

Employee Signature: _________________   Date: _______________

Approvals

Chief Executive Officer:_______________   Date: _______________

Board of Directors: _______________   Date: _______________

1999 COMPENSATION REVIEW

1999 Base Salary	Local $	US $
Previous Salary (a/o 12/31/98)	1,794,230.00	6,431.00
New Salary (Effective : 2/1/99)	4,547,524.00	8,724.00
Amount of increase	753,893.00	293.00
Percent increase	3%	3%
1999 Incentive Compensation		
Base EIP Target	4%	4%
Supplemental EIP Target	16%	16%
TOTAL	20%	20%
Target Amount @1.0 Payout	8,909,745	5,745

Exchange Rate a/o 12/31/98
1,201 South Korean Won per USD

13

생산 및 품질

여기에서는 생산계획, 공정 및 작업관리, 외주관리, 품질관리 및 원가관리 등이 중요한 내용이다. 자세히 다루자면 방대한 내용이 되겠으나, 회사마다 생산제품이 다르고 인원과 시설수준이 다르기 때문에 운영상 특성 및 중요점이 제각기 상이할 것이므로, 주안점 별로 몇 가지 사항만 간략히 짚어보고자 한다.

안전관리 및 청결 · 정돈상태의 유지

우선 작업장 내의 안전관리는 생산요소의 물적 · 재산적 보호라는 차원을 넘어 종업원의 인간적 삶을 영위하는 인권적인 문제로서 그 무엇과도 바꿀 수 없다. 이것의 경시는 범죄와도 같은 행위라 하겠다. 또한 작업자의 안전문제는 좁은 의미로는 산업재해 방지 및 예방의 개념이지만, 넓은 의미로는 보건 및 환경과 연관지어 이해할 수도 있을 것이기 때문에 소극적인 의미의 무사고 개념에서, 적극적으로 최적의 건강상태를 유지하기 위한 정신적·육체적 현상에까지 그 개념을 확장해야 한다. 따라서 지나친 연장근무의 불허라든지 운반관리에서 자동화된 운반기구를 도입하여 작업량을 줄인다든지, 작업장의 환경과 청결 및 정리·정돈까지 신경 써야 한다.

이제 중소기업도 아무리 사업 초기에 재정적 어려움을 겪고 있다 하더라도 작업장 내의 소음과 진동, 분진과 대기, 수질오염 등에 대한 적절한 투자를 하지 않는다면 뒷날에는 그 몇 배의 손실이 올 수 있다는 자세로 사업에 임해야 할 것이다.

이러한 의식에서 가장 중요한 것은 「의식의 변화」라고 생각한다. 기성 및 기존 관념에서 탈피하여 새로운 사고방식으로 전환해보려는 시도 없이는 의식을 근본적으로 변화시키기가 정말 어렵다는 것을 느낄 것이다. 옛날 사고방식에 젖어『이 정도 힘들지 않고서야 어찌 일한다고 할 것인가』라는 관리자의 구태의연함, 또한『쇳덩이와 기름을 만지는 작업자로서 어찌 깨끗한 복장을 유지할 수가 있겠는가』하는 작업자들의 청결을 포기한 관행은 개혁적인 의식의 변화와 아울러 그만큼의 투자가 따르지 않고서는 바꾸기 힘든 습관이다.

자신의 몸이 깨끗해야 주변 정리·정돈이 이루어진다. 제품을 깨끗이 다루고, 안전에 신경 쓰게 되는 근본적 인간심리에 바탕을 두어 작업 복장의 청결과 주변 작업공구의 정리·정돈과 주변환경의 청결과 보건, 건강 및 안전에 대해서는 아무리 강조해도 지나침이 없다 하겠다. 이러한 종합점검규정의 필요성은 여기에서는 더 이상 언급하지 않기로 한다.

일정의 강조

가장 중점을 두고 관리한 분야가 생산일정 관리다.

분기별, 월별, 주간별, 일별 생산일정을 세우고 집행하기 위해 중소업체지만 별도의 독립된 일정관리자를 두어 필요시엔 생산부문장의 감독을 벗어나 사장 직속하에 두고 대화할 정도로 중시했다.

일반적으로 사업관리(project management)에서 중요한 관리항목은 시간과 돈이다. 돈에 대해서는 여러 부문(회계, 자재, 생산부문 등에서)에서 소요되는 비용부문의 절감에 대해 적절한 목표를 세우고 그에 따른 노력이 이루어지고 수치화되어 기록·보고된다. 그러나 시간 또한 다른 의미에서 돈이라는 사실을 잘 인지하지 못하고 상대적으로 쉽게 간과해버리는 현상이 허다한 것같이 보인다. 아니, 어쩌면 시간은 돈으로 만회할 수 없는 상위의 개념이라고도 할 수 있을 것이다. 이런 취지에서, 월간 공정회의는 4대 중요 정기회

의(월간업무 보고회의, 영업회의, 품질회의, 공정회의)로 그 중요성
을 인식시켜 반드시 사장이 참석했다. 일정이 확정되지 않으면 생
산작업도 진행할 수 없도록 했고, 고객만족도 및 품질만족도에도
일정 관리의 항목을 중요 배점으로 할당하여 관리했다. 한편, 일정
관리자는 자재구매 일정, 기계가공 일정, 외주 일정관리, 조립 및
시험 일정 등 모든 시간적 함수관계에 사장을 직접 대신하는 사람
으로 부각시키도록 노력했다.

기계적 성능 불량품이 품질검사에서 불합격되는 것은 부분 불량
의 사항이므로 불량부분만 개선하면 완성품으로 개선·개조가 가능
하지만, 납기를 일정을 못 지켜 납기를 어긴 것은 그 시간 내에 어
느 제품을 제조해낸다는 약속을 못 지킨 완전 불량상태라는 인식을
하도록 설득했다. 처음에 계획된 시간은 한 번 지나가면 다시는 돌
이킬 수 없는 요소라서, 납기를 지키지 못한 제품을 지연된 상태로
작업하는 것은, 새로운 시간에 제조되는 새로운 제품으로 인식해야
지 결코 새로운 시각에 다시 시작하는 옛 제품이 아니라는 내용으
로 일정관리와 시간의 중요성에 대해 강조하기도 했다.

또한 연간 및 반기별·분기별 MPS로 생산부하를 미리 파악하고,
영업 팀이 고객과의 납기약속을 할 때엔 반드시 일정관리자의 협조
를 받도록 하여 납기와 가격과 생산 일정관계가 조화를 이루도록
배려했다. 작업장 내에서의 일정에 따른 책임과 권한을 명시하기
위한 간판방식화를 시행하여 후공정 작업자가 선공정 작업자로부터
작업을 미리 앞당겨 받는(pull-in) 방식으로 운영했다. 최종 출하일
을 궁극적인 목표로 하되 중간공정에서 지연 예상되는 사항이 인지
될 때에는 긴급(urgent)의 의미인 빨간 깃발을 제품에 표시하도록
하는 간판방식을 도입하여 부문 간의 신속한 협조가 이루어지도록
실행했다. 참고로 MPS의 실례를 〈자료 13-1〉에 제시했다.

M P S   1   (MAR)
(SHIPPING STATUS -   )

PAGE 1 OF 4
REV NO. :   0

WORK DAYS : 24
MONTH   : 3

NO	TARGET DATE	MODEL	ANSI ISO	Q'TY	CLIENT	S/T (Hr)	W/O NO.	P/O NO.		CONFIRM SHIPMENT	ACTUAL SHIPMENT	REASON OF DELAY	REMARK
1	000228		A	2		57.0	C29-342G		W	000303	000303		
2	000304		I	3		184.8	C28-171E		W	000309	000309		
3	000304		I	2		57.0	C29-417		W	000309	000309		
4	000304		I	2		57.0	C29-417		W	000309	000309		
5	000228		A	2		43.2	C29-342G		W	000309	000310		
6	000304		I	2		45.0	C29-417		W	000309	000316		
7	000305		A	4		114.0	C29-342G		W	000310	000310		
8	000305		A	2		77.2	C29-049E		W	000310	000310		
9	000305		A	2		57.0	C29-414C		W	000310	000314		
10	000305		A	2		68.0	C29-342G		W	000310	000317		
11	000305		A	4		114.0	C29-342G		W	000310	000317		
12	000305		I	2		68.0	C29-431G		W	000310	000324		
13	000302		A	2		92.0	C29-443G		W	000312	000316		
14	000309		A	2		51.0	C200-018G		W	000314	000324		
15	000310		A	1		5.2	C200-010G		W	000315	000315		
16	000310		I	4		154.4	C29-429		W	000315	000323		
17	000312		I	2		68.0	C29-417		W	000316	000316		
18	000312		I	2		68.0	C29-417		W	000316	000316		
19	000312		I	1		34.0	C29-433		W	000316	000324		
20	000228		A	2		57.0	C29-342G		W	000317	000317		
21	000317		A	2		10.4	C200-088G		W	000322	000327		
22	000305		A	2		68.0	C29-342G		W	000324	000324		
23	000312		A	2		68.0	C29-418G		W	000324	000331		
24	000323		A	1		22.5	C29-394		W	000328	000324		
25	000304		I	2		45.0	C29-417		W	000328	000330		
26	000310		A	2		86.4	C29-444E		W	000328	000331		
27	000303		I	1		49.0	C200-008G		W	000329	000330		
28	000324		A	1		6.0	C200-038P		W	000330	000327		
29	000324		A	3		85.5	C200-006G		W	000330	000330		
30	000324		I	12		342.0	C29-188E		W	000331	000324		

M P S 3 (SECURED)

(WORK ORDER SUMMARY BY SHIPPING DATE - PUMP & PKG)

WORK DAYS : 23
MONTH : 4

PAGE 2 OF 4
REV NO. : 0
2000-04-28

NO	TARGET DATE	MODEL	ANSI ISO	Q'TY	CLIENT	S/T (Hr)	W/O NO.	P/O NO.		CONFIRM SHIPMENT	ACTUAL SHIPMENT	REASON OF DELAY	REMARK
1	000605	CL2001 304(R+S)	A	1	NEC	35.5	C200-099G	U3559.21.3	W	000609			
2	000605	CL2003 304(R+S)	A	2	NEC	71.0	C200-099G	U3559.23.3	W	000609			
3	000605	CL3001	I	1	SINGAPORE	34.0	C200-107P	S1192	W	000609			
4	000605	CL3001 A SS316	I	1	HYTOR AB	51.0	C200-137P	YOP108493-00000	W	000609			
5	000605	CL3002	I	1	SINGAPORE	34.0	C200-107P	S1192	W	000609			
6	000605	CL3003 304(R+S)	A	1	NEC	42.0	C200-099G	U3559.26.2	W	000609			
7	000610	CL1001	I	1	EUROPE	21.6	C200-082G	400152	W	000615			
8	000610	CL1002	I	1	EUROPE	21.6	C200-082G	400152	W	000615			
9	000610	CL3001	I	1	EUROPE	34.0	C200-082G	400152	W	000615			
10	000610	CL3002	I	2	EUROPE	68.0	C200-082G	400152	W	000615			
11	000610	CL3002	I	2	EUROPE	68.0	C200-082G	400152	W	000615			
12	000612	CL1002 304(R+S)	A	3	NEC	79.8	C200-099G	U3559.19.8	W	000616			
13	000612	CL1003 304(R+S)	A	1	NEC	26.6	C200-099G	U3559.20.4	W	000616			
14	000612	CL2001 304(R+S)	A	3	NEC	106.5	C200-099G	U3559.21.2	W	000616			
15	000612	CL702 304(R+S)	A	4	NEC	102.0	C200-099G	U3559.16.3	W	000616			
16	000612	CL703 304(R+S)	A	2	NEC	51.0	C200-099G	U3559.17.4	W	000616			
17	000615	CL1003	I	1	PUMPEN GMBH	21.6	C200-139P	20PV035	W	000622			PAINT RAL5000
18	000616	CL2002	A	1	EUROPE	28.5	C200-163E	20XV0013/06675	W	000622			
19	000619	CL1502	A	2	NEC	45.0	C200-102G	U6553.34.37	W	000623			
20	000619	CL2002	A	1	NVSA	28.5	C200-106G	SU00299	W	000623			
21	000619	CL2002 316L	A	1	NEC	35.5	C200-099G	U3559.11.4	W	000623			
22	000626	AHF80 PKG	A	2	TANIR	43.0	C200-029E	TBP-RM-06	W	000630			
23	000626	AT2006E	I	3	태안 #5	437.1	C29-320E	PTC-I-MI12	W	000630			
24	000626	CL1502 PKG	I	1	TANIR	66.5	C200-029E	TBP-RM-06	W	000630			
25	000624	CL2002 304(R+S)	A	3	NEC	106.5	C200-099G	U3559.22.10	W	000630			
26	000626	SC-6 PKG	I	2	태안 #5	132.0	C29-320E	PTC-I-MI12	W	000630			
27	000630	AT1006	A	2	NKI	77.2	C200-144E	102009	W	000704			
28	000629	CL703 COMP	A	14	SINGAPORE	294.0	C200-126P	G20032	W	000705			
29	000702	CL1003 SS316	A	1	NVSA	36.0	C200-110G	SP00297	W	000706			
30	000702	CL2003 SS316	A	1	NVSA	36.0	C200-110G	SP00297	W	000706			

MPS Ⅳ
===
(QUANTITY)

WORK DAYS : 21
MONTH : 4   ORDER / SHIPPING

PAGE 3 OF 4
REV : 0
DATE : 2000. 04.28.

TYPE	MODEL	1	2	3	4	5	6	7	8	9	10	11	12	TOTAL	NKL PLAN	수주량/PLAN
BARE PUMP	HF- 50				1 /0				2					3 / 0		
	HF- 80			1 /1	1 /1	3	2							7 / 2	1	218%
	HF120	1 /1	3 /3	7 /7	1 /1	2								14 / 12	11	
	CL700	12 /2	2 /7	2 /9	2 /1	1	6	19	6	4				54 / 19	25	216%
	CL1000	10 /2	6 /11	4 /5	13 /8	12	7	7	7	3				69 / 26	70	99%
	CL1500	1 /1	4 /0	5 /9	1 /1	2	3	5	4	4				29 / 11	30	97%
	CL2000	19 /19	16 /23	21 /27	20 /15	21	11	16	12	15	2			153 / 84	142	108%
	CL3000	20 /14	11 /10	8 /22	11 /6	4	9	5	8	9				85 / 52	119	71%
	AT706		2 /2	2 /0	4 /4	3		4	3					18 / 6	13	138%
	AT1004/6	2 /2	2 /2	10 /4	3 /8	6		7	9	4	2			45 / 16	46	98%
	AT2004/6	2 /2	3 /3	2 /0		1	3							11 / 5	23	48%
	AT3004			3 /3		2								5 / 3	4	125%
	TC- 11	6 /6	3 /0	/3		4		6						19 / 9	42	45%
	S- TOTAL	73 49	52 61	65 90	57 /45	61	41	69	51	39	4			512 / 245	526	97%
PKG	SC2/3	1 /1	1 /1			1								3 / 2	4	50%
	SC4/5				2 /2	1								3 / 2	23	
	SC6/7		3 /3		1		2	1						7 / 3	5	120%
	HF- 50								2					2 / 0	1	
	HF- 80						2							2 / 0		
	HF120													0 / 0	2	
	CL- 700		1 /1											1 / 1		
	CL- 1000													0 / 0	5	0%
	CL- 1500						1							1 / 0		
	CL- 2000		2 /2											2 / 2	5	40%
	CL- 3000													0 / 0	2	
	AT706E													0 / 0		
	AT- 1006E								4	2				6 / 0	20	30%
	AT- 2006E	2 /2	3 /3				3							8 / 5	13	62%
	AT- 3004E													0 / 0		
	TC- 11	4 /4				2								6 / 4	10	60%
	S- TOTAL	7 7	10 10	0 0	3 2	4 0	8 0	1 0	6 0	2 0	2 0	0 0	0 0	41 / 19	90	46%
	G- TOTAL	80 56	62 71	65 90	60 48	65 0	49 0	70 0	57 0	41 0	6 0	0 0	0 0	555 / 265	616	90%

→ Test 설비

* NOTE : PKG PUMP 는 BARE PUMP에서 수량 포함
FORM. R11- 2B/REV. 1 (1996.1)

2000년 5월 ASSEMBLY SCHEDULE

PAGE 4 OF 4
REV　0
DATE : 2000.04.28.
CHK'D BY : K.S.KIM
PRE'D BY : J.J.LEE

PLAN ----→
ACTUAL ----→ 3RD WEEK

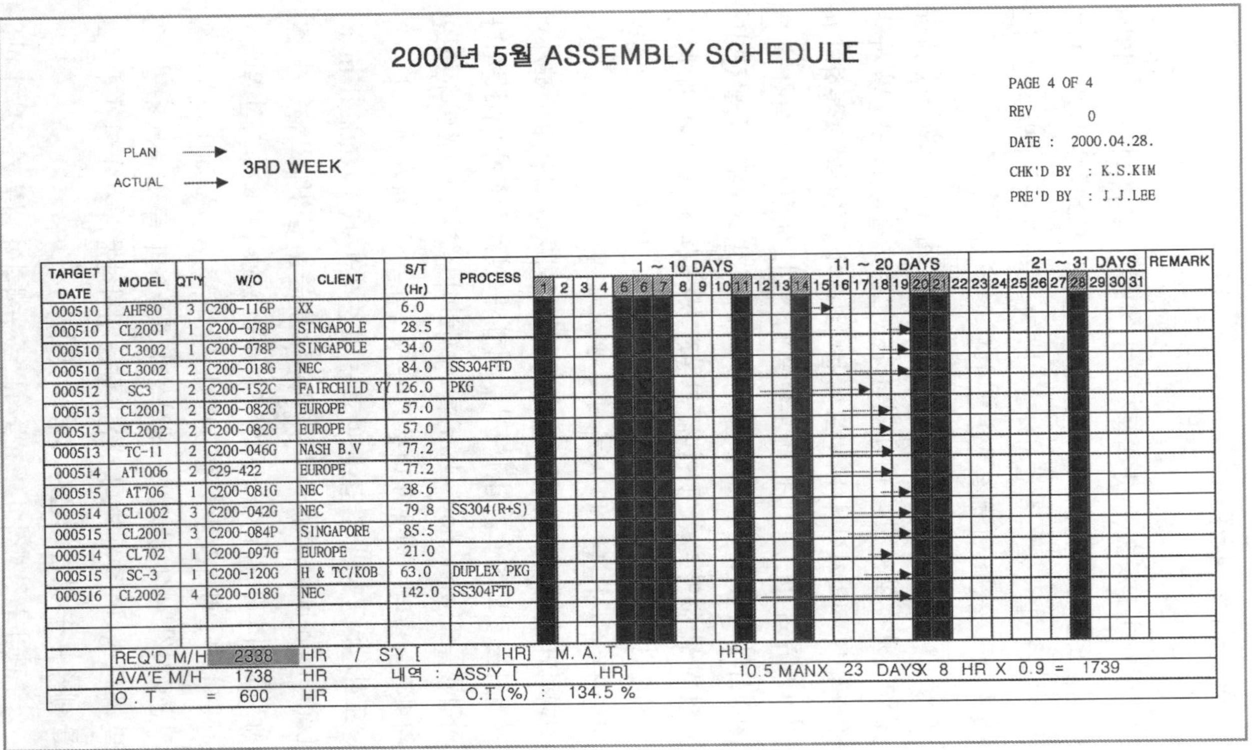

TARGET DATE	MODEL	QT'Y	W/O	CLIENT	S/T (Hr)	PROCESS	1 ~ 10 DAYS	11 ~ 20 DAYS	21 ~ 31 DAYS	REMARK
000510	AHF80	3	C200-116P	XX	6.0					
000510	CL2001	1	C200-078P	SINGAPOLE	28.5					
000510	CL3002	1	C200-078P	SINGAPOLE	34.0					
000510	CL3002	2	C200-018G	NEC	84.0	SS304FTD				
000512	SC3	2	C200-152C	FAIRCHILD YY	126.0	PKG				
000513	CL2001	2	C200-082G	EUROPE	57.0					
000513	CL2002	2	C200-082G	EUROPE	57.0					
000513	TC-11	2	C200-046G	NASH B.V	77.2					
000514	AT1006	2	C29-422	EUROPE	77.2					
000515	AT706	1	C200-081G	NEC	38.6					
000514	CL1002	3	C200-042G	NEC	79.8	SS304(R+S)				
000515	CL2001	3	C200-084P	SINGAPORE	85.5					
000514	CL702	1	C200-097G	EUROPE	21.0					
000515	SC-3	1	C200-120G	H & TC/KOB	63.0	DUPLEX PKG				
000516	CL2002	4	C200-018G	NEC	142.0	SS304FTD				

Day columns: 1 2 3 4 5 6 7 8 9 10 | 11 12 13 14 15 16 17 18 19 20 21 | 22 23 24 25 26 27 28 29 30 31

REQ'D M/H　2338　HR / S'Y [　　HR] M.A.T [　　HR]
AVA'E M/H　1738　HR　내역 : ASS'Y [　　HR]　10.5 MANX 23 DAYSX 8 HR X 0.9 = 1739
O.T　=　600　HR　O.T(%) : 134.5 %

무엇보다도 중요한 것이 문서화가 아닐까 생각한다. 중소기업체라서, 또는 적은 인원으로 우선 급한 일부터 하려니까 시간이 나지 않는다는 이유 등으로 문서화를 이루지 못하고 구두에만 의존하는 것은 극히 순간적인 해결책일 뿐이다.

비록 표준화된 완성된 양식이 아니라고 할지라도, 또한 처음에 무엇부터 해야 할지 모를 때라 하더라도 모든 기술자료(도면 및 사양, 절차서 및 작업지시서)는 반드시 문서화해야 표준화와 공통화의 바탕이 이루어지는 것이다. 제품의 설계, 자재, 시험(test), 설치 및 설치검사의 사양이 처음부터 완벽하게 이루어진 상태에서 출발한다면 더할 나위 없이 좋을 것이다. 그렇지 못하더라도 필요한 때에, 즉 문제해결을 위한 회의에서 토론된 내용을 그대로 기록하고, 주의사항으로서 시달된 지시서가 바로 씌어진 상태로 전달되고 이것이 집대성되면 바로 하나씩 보완되고, 이러다가 전체적인 표준화가 이루어지는 것도 중소기업체에서는 어쩔 수 없는 현실이기 때문이다. 작업흐름도(work-flow-chart)를 예시하여 설명하려 했으나, 보안사항과 저촉되는 내용이 너무 많아 생략함을 양해하기 바란다.

또한 각 공정별 작업에 따르는 표준작업시간(standard man-hour, man-hour-rate, tool set-up card) 등을 설정해 표준원가관리체제를 최소한 확립하는 것이 이 모든 일상적이고 성가신 일들의 컴퓨터화의 전제과정이 될 것이다. 작업부하(workload) 분석과 연장근로시간 예상 및 기록, 생산성과 효율성의 측정 등은 월별·연별 제품 생산수량과 최대 생산용량을 짐작하여 투자와 인원의 수요를 예측할 수 있는 기본자료가 될 것이다.

외주관리를 경제적이고 효율적으로 수행하여 내부 가공보다 비용이 절감된다고 판단될 때에는 아웃소싱을 과감히 도입해야 하며, 품질관리상의 다소간 어려움은 협조와 교육을 통해 별 무리 없이 소화시킬 수 있다.

참고로 가공 부분에서 사용한 〈자료 13-2〉와 조립공정도 〈자료 13-3〉을 첨부한다.

◀ 간판 시스템의 적용 ▶

회사 전체에서 실천한 간판제도의 응용은 세 가지 종류가 있다.

첫째, 각 개인이 자신의 아이템이나 중요 사항을 적어 책상 앞 눈높이에 꽂아두는 개인 메모 형식

둘째, 전 종업원이 인지함으로써 일체감 형성을 도모하고자 회사 전반적인 공지 사항 중에서도 가장 중요하다고 생각한 안전, 회사 수익관계, 품질 만족도 및 고객 만족도에 대해 게시판 역할을 하는 응용방법

셋째, 생산현장에서 일정관리와 물류 라인 흐름의 명확을 기하여 작업 지시(work order)의 수행 과정에 걸맞은 재화와 시간의 인계 및 인수에 따른 책임과 권한을 도모키 위하여 적용한 간판제도를 뜻하나, 여기에서는 이 세번째 주제에 대해 강조하고자 한다. 그 내용을 복잡하게 기술하기보다는 〈자료 13-4〉의 사진을 보는 것이 이해의 첩경일 것이며, 각자의 형편에 맞게 적용하는 것이 바람직하다.

SPEED & FEED CARD

일 자 :
작성자 :
승인자 :
REV : 0

DWG NO.	REV. NO	PART	OPER SYS	MACH	MACH NO.	SET UP NO.
14-0368	P	CL 3000	A - 3	42" VTL	Z1105	247106
		ROTOR(SS)	A - 4	50' CNC	Z1106	

◆주1 : 속도와 이송은 지시된 소재에만 적용한다.

◆주2 : 속도와 이송은 표와 가장 가까운 것을 선택 운용한다.

NO .	OPER SYM	OPERATION	RPM	AUTO/MANUAL	FEED	CUTS
1	A-3-1	FIN FACE TOP	40	A	0.25	2
2	A-3-2	FIN FACE BTM & RECESS	40	A	0.25	2
3	A-3-3	FIN BOSS FACE TOP	40	A	0.25	1
4	A-3-4	CHAMFER BOSS DIA	40	A	0.25	1
5	A-3-5	FIN BORE CONE TAPER	40	A	0.25	4
6	A-3-6	FIN DIA ROTOR	40	A	0.25	2
7	A-3-7	CHAMFER DIA ROTOR & FACE TOP	40	A	0.25	1
8	A-3-8	SEMI BORE SHAFT	40	A	0.25	2
9	A-3-9	FIN BORE SHAFT	40	A	0.25	2
10	A-3-10	CHAMFER BORE SHAFT	40	A	0.25	1
1	A-4-1	FIN FACE TOP	40	A	0.25	2
2	A-4-2	FIN FACE BTM & RECESS	40	A	0.25	2
3	A-4-3	FIN BOSS FACE	40	A	0.25	1
4	A-4-4	CHAMFER BOSS DIA	40	A	0.25	1
5	A-4-5	FIN BORE CONE TAPER	40	A	0.25	4
6	A-4-6	FIN DIA ROTOR	40	A	0.25	2
7	A-4-7	CHAMFER DIA ROTOR & FACE TOP	40	A	0.25	1
8	A-4-8	CHAMFER BORE SHAFT	40	A	0.25	1

FORM S11

SET UP INSTRUCTION CARD

일 자 :
작성자 :
승인자 :
REV :   0

DWG NO.	REV. NO	PART	OPER SYS	MACH	MACH NO.	SET UP NO.
14-0368	P	CL 3000	A - 3	42" VTL	Z1105	247105
		ROTOR(SS)	A - 4	50" CNC	Z1106	

OPERATION NAME	FIN DIA / FACE / BORE

NO	SEQUENCE NAME	FIXTURE, JIG	TOOL NO.	CUT'G TOOL	GAGE
	LOADING				1/100 D/G
1	FIN FACE TOP			PSSNL4040S19	V/C 1000 mm
2	FIN FACE BTM & RECESS			PDJNR4040P15	V/C 600 mm
3	FIN BOSS FACE TOP			PRIVATE BITE	
4	CHAMFER BOSS DIA			PRIVATE BITE	
5	FIN BORE CONE TAPER			PRIVATE BITE	V/C 600 mm
6	FIN DIA ROTOR			PSSNL4040S19	V/C 1000 mm
7	CHAMFER DIA ROTOR & FACE TOP			PSSNL4040S19	
8	SEMI BORE SHAFT			BORING BAR	50-150mm C/G
9	FIN BORE SHAFT			BORING BAR	50-150mm C/G
10	CHAMFER BORE SHAFT			BORING BAR	
	UNLOADING				
	LOADING				1/100 D/G
1	FIN FACE TOP			PSSNL4040S19	V/C 1000 mm
2	FIN FACE BTM & RECESS			PDJNR4040P15	V/C 600 mm
3	FIN BOSS FACE			PRIVATE BITE	
4	CHAMFER BOSS DIA			PRIVATE BITE	
5	FIN BORE CONE TAPER			PRIVATE BITE	V/C 600 mm
6	FIN DIA ROTOR			PSSNL4040S19	V/C 1000 mm
7	CHAMFER DIA ROTOR & FACE TOP			PSSNL3232P19	
8	CHAMFER BORE SHAFT			BORING BAR	
	UNLOADING				

FORM S11

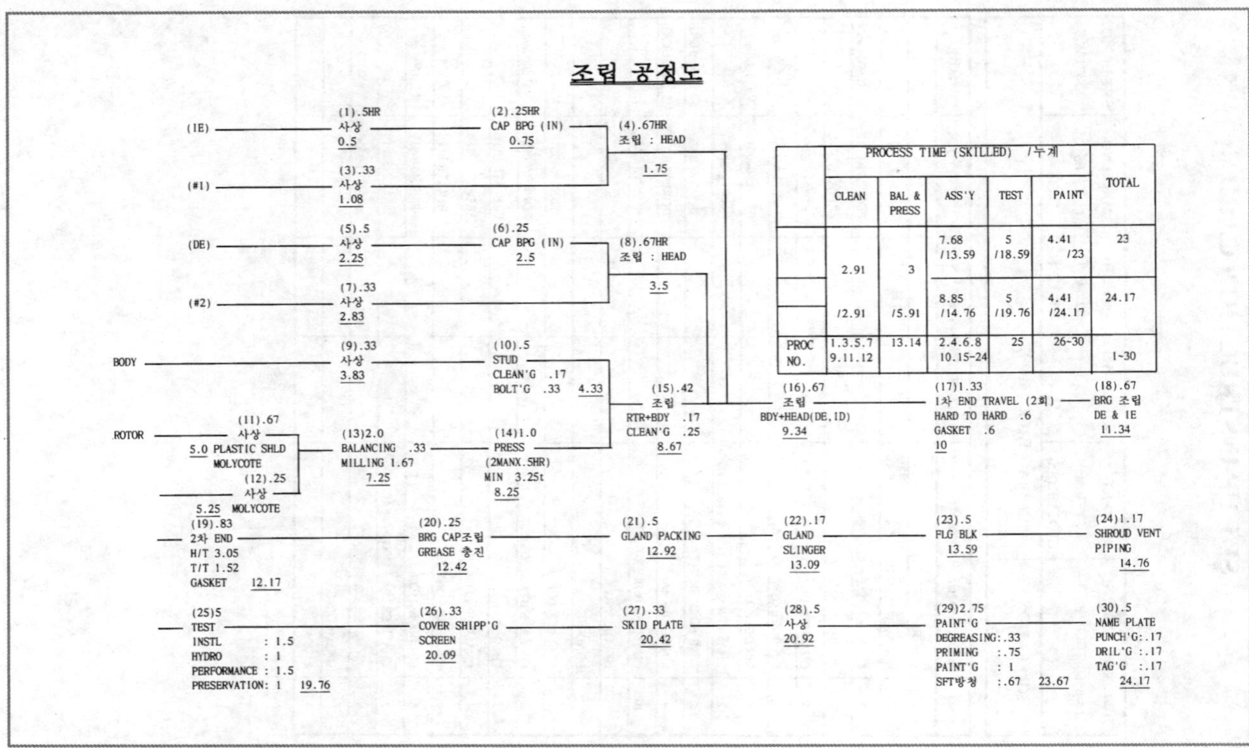

조립 공정도

PROCESS TIME (SKILLED) /누계						TOTAL
	CLEAN	BAL & PRESS	ASS'Y	TEST	PAINT	
	2.91	3	7.68 /13.59	5 /18.59	4.41 /23	23
	/2.91	/5.91	8.85 /14.76	5 /19.76	4.41 /24.17	24.17
PROC NO.	1.3.5.7 9.11.12	13.14	2.4.6.8 10.15-24	25	26-30	1~30

<u>*KAN-BAN SYSTEM*</u>

<u>*STAND - BY*</u>

<u>*ASSEMBLY*</u>

<u>*TEST*</u>

<u>*PAINT*</u>

<u>*INSPECTION*</u>

<u>*URGENT*</u>

품질관리

창업 초기 품질관리에 쏟는 노력의 강도가 중소기업체의 흥망을 좌우한다고 말해도 지나치지 않을 것이다. 가장 강조하고 싶은 점은 아무리 교육하고 훈련시켜도 의식변화의 속도는 아주 느려서, 행동은 변화하지 못하고 관행이 지속된다는 것이다. 따라서 반복과 실패의 경험을 거쳐야 원하는 수준까지 진척된다는 것이다.

이러한 점을 단기간에 인식시키기 위해서는 추적성(trace-ability)를 구비하여, 모든 중요 부품의 중요 공정별 작업자 이름이 로트(lot) 번호, 품목번호별로 추적가능하도록 실명화하고 문서화해 관리토록 한다. 그리하여 최종 내부 성능시험 때라든지, 고객에게 인도된 후에 발생되는 결함사항에 대한 (품질 보증 기간 중에 접수되는) 기술적 문제 등은 반드시 원인분석을 거쳐 잘못된 요소별로 책임규명이 될 수 있도록 체계화해야 한다.

전체적인 품질관리 요령으로서 다음과 같은 취지와 방법으로 측정하도록 했다.

(1) 수익성 연관 위주

품질비용(cost of quality)

cost of quality / 제조원가(C.O.S.) 〈자료 13-5〉 참조

품질보증비용(goodwill warranty cost) / COS 〈자료 13-6〉 참조

(2) 성장 위주 : 고객만족도

품질만족도

(3) 안정 위주 : 품질합격률(performance acceptance) 〈자료 13-7〉 참조

내부품질성과(internal quality performance) 〈자료 13-8〉 참조

- 품질비용 : 1차 성능시험에 불합격하여 재조립에 소요되는 labor hour, set-up time, M/C time의 time cost와 damage costs 및 testing 및 calibration, warranty, scrap cost를 집계했고 제조원가의 1.0% 이내로 관리했다.
- 품질보증비용 : 제조원가 대비 0.2%포인트 이내
- 품질합격률 : 최종 성능검사시 1차 시험의 합격률을 95%로 정했다.

앞에서도 여러 차례 언급했지만 고객과의 납기 준수를 최우선 요소로 관리하여 고객만족도 및 품질만족도에 중요 가중치로 배점했으며, 품질만족도는 매월 게시하여 모든 종업원이 인식하도록 하는 것이 중요하다 하겠다.

참고로 〈자료 13-9〉의 생산성 성과 측정자료(operation performance measure)와 〈자료 13-10〉의 품질등급보고(quality rating report)를 소개하니 참조 바란다.

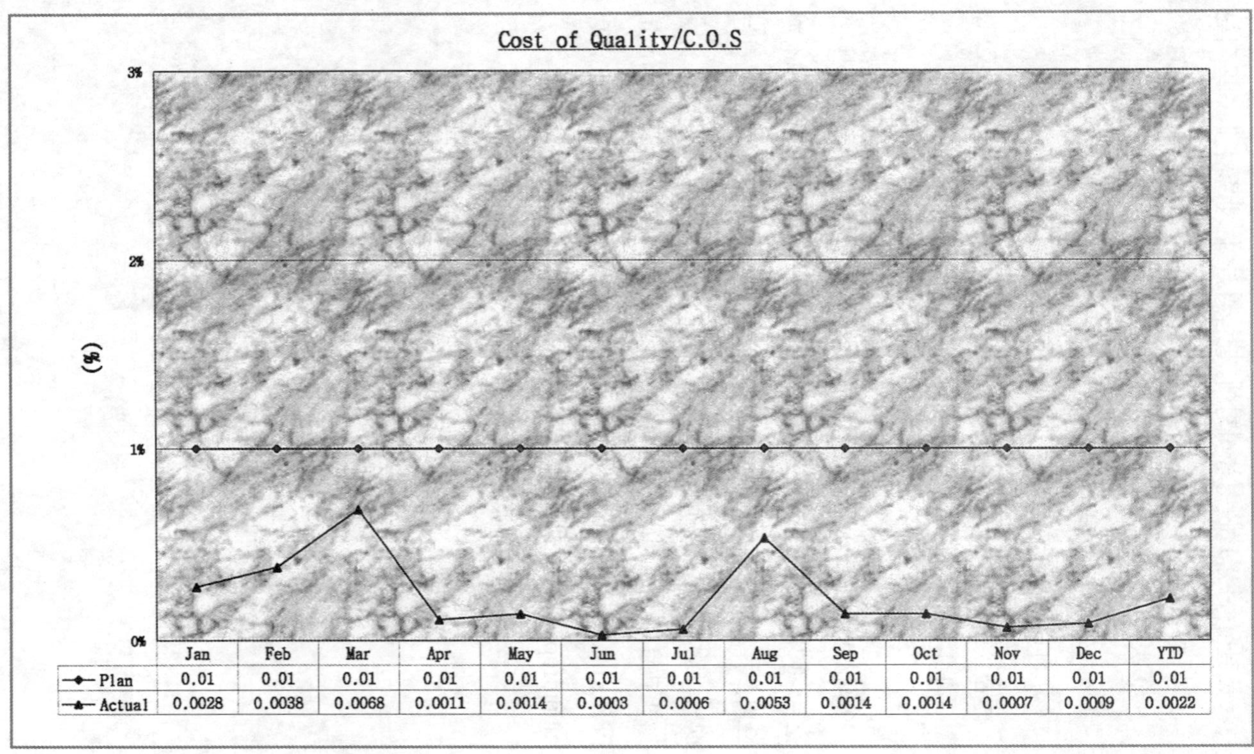

	Jan	Feb	Mar	Apr	May	Jun	Jul	Aug	Sep	Oct	Nov	Dec	YTD
Plan	0.01	0.01	0.01	0.01	0.01	0.01	0.01	0.01	0.01	0.01	0.01	0.01	0.01
Actual	0.0028	0.0038	0.0068	0.0011	0.0014	0.0003	0.0006	0.0053	0.0014	0.0014	0.0007	0.0009	0.0022

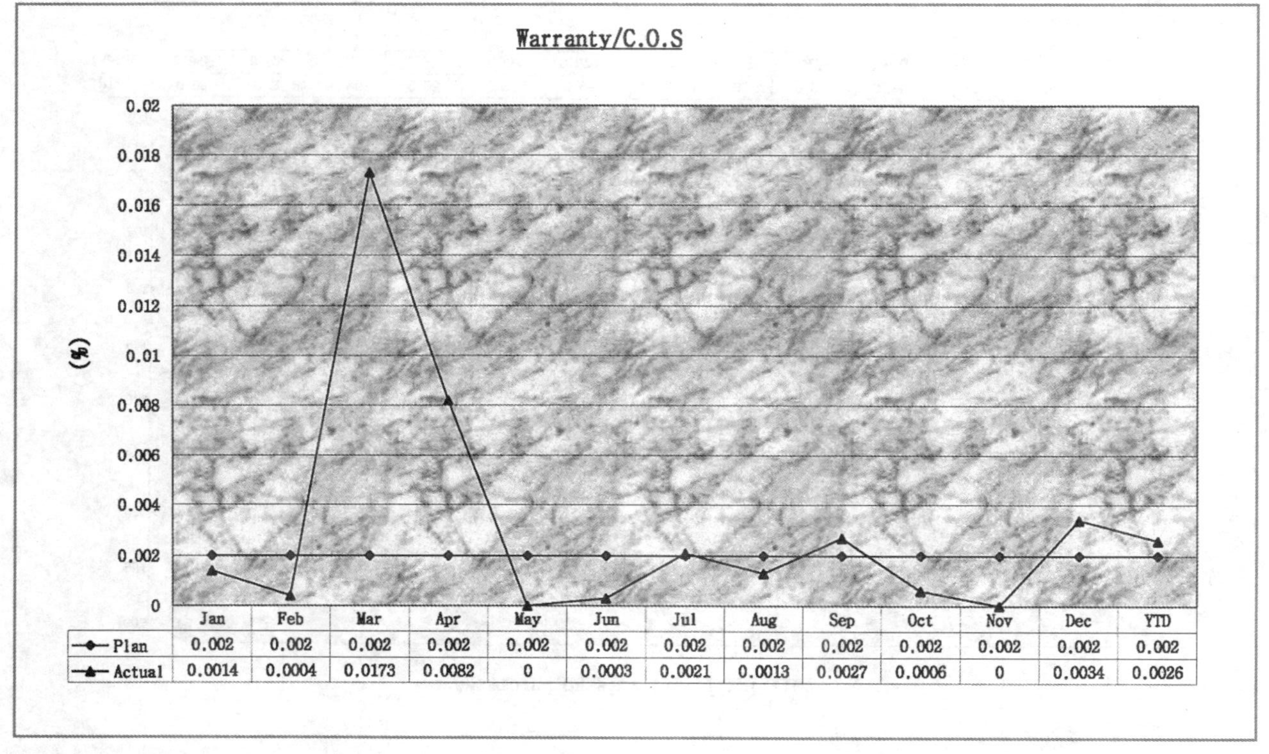

	Jan	Feb	Mar	Apr	May	Jun	Jul	Aug	Sep	Oct	Nov	Dec	YTD
Plan	0.002	0.002	0.002	0.002	0.002	0.002	0.002	0.002	0.002	0.002	0.002	0.002	0.002
Actual	0.0014	0.0004	0.0173	0.0082	0	0.0003	0.0021	0.0013	0.0027	0.0006	0	0.0034	0.0026

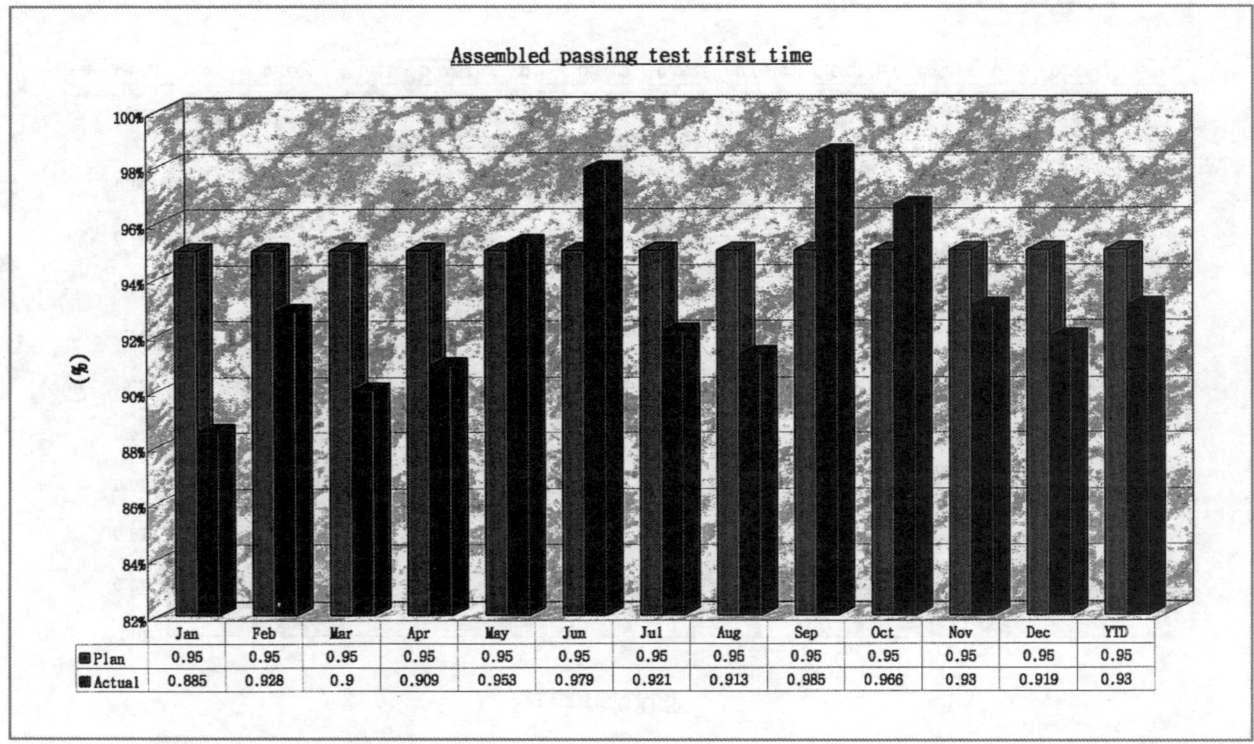

Assembled passing test first time

	Jan	Feb	Mar	Apr	May	Jun	Jul	Aug	Sep	Oct	Nov	Dec	YTD
Plan	0.95	0.95	0.95	0.95	0.95	0.95	0.95	0.95	0.95	0.95	0.95	0.95	0.95
Actual	0.885	0.928	0.9	0.909	0.953	0.979	0.921	0.913	0.985	0.966	0.93	0.919	0.93

INTERNAL QUALITY PERFORMANCE

INSPECTION   REPORT

Period : APR.

	PROCESSED MATERIAL	PURCHASED ITEMS			IN-HOUSE M/C PARTS	FINAL INSP	PACKAGES
		CASTINGS	FINISHED PARTS	ACCESSORY			
A	TOTAL PIECES (RCV)	503	1152	216	209	65	2
B	TOTAL PIECES INSPECTED (B=A-I)	502	1150	216	209	65	2
C	TOTAL ACCEPTED(C=B-D)	489	1143	212	209	65	2
D	TOTAL REJECTED(D=E~H)	13	7	4	0	0	0
E	REWORK	0	5	0	0	0	0
F	USE AS IS	0	0	4	0	0	0
G	SCRAP	13	2	0	0	0	0
H	RETURNS	0	0	0	0	0	0
I	IN-PROCESS	1	2	0	0	0	0
J	PERCENT REJECT(J=D/B*100)	2.6%	0.6%	1.9%	0.0%	0.0%	0.0%
K	00 TARGET	2.0%	1.5%	1.5%	1.5%	1.5%	1.5%
L	*1	*2	*3	*4			
M	ACCUMULATED PAST PERFORMANCE(1P-3P)	2.7%	0.7%	0.6%	1.4%	0.0%	0.0%
N	AVERAGE YTD.(1P-4P)	2.6%	0.7%	1.2%	0.7%	0.0%	0.0%

NOTE : *1. MAIN ITEM WHICH AFFECTS PERCENT REJECTION

XXX Operation Performance Measures - CONFIDENTIAL

1/ 18/ 00
Page 1 of 2

Shipping Performance - Based on Customers Wanted Date
Up to 3 days Late

	Jan	Feb	Mar	1Qtr	Apr	May	Jun	2Qtr	July	Aug	Sept	3Qtr	Oct	Nov	Dec	4Qtr	YTD
Plan %	100%	100%	100%	100%	100%	100%	100%	100%	100%	100%	100%	100%	100%	100%	100%	100%	100%
Actual %	96%	91%	93%	93%	92%	92%	91%	92%	91%	91%	89%	90%	90%	92%	92%	91%	92%
Ttl Order	49	74	108	231	111	105	85	301	114	98	113	325	123	103	85	311	1168

Shipping Performance - Based on Promised Date
Up to 3 days Late

	Jan	Feb	Mar	1Qtr	Apr	May	Jun	2Qtr	July	Aug	Sept	3Qtr	Oct	Nov	Dec	4Qtr	YTD
Plan %	100%	100%	100%	100%	100%	100%	100%	100%	100%	100%	100%	100%	100%	100%	100%	100%	100%
Actual %	100%	100%	100%	100%	100%	95%	95%	97%	95%	94%	95%	95%	90%	94%	96%	93%	96%
Ttl Order	47	76	100	223	92	105	85	282	114	98	113	325	123	103	88	314	1144

Machine Tool Up Time
Unplanned Downtime, Machine tools and Test Stands

	Jan	Feb	Mar	1Qtr	Apr	May	Jun	2Qtr	July	Aug	Sept	3Qtr	Oct	Nov	Dec	4Qtr	YTD
Plan hours	0	0	0	0	0	0	0	0	0	0	0	0	0	0	0	0	0
Actual hours	0	0	0	0	0	0	0	0	0	0	0	0	0	*1 144	0	144	144

Productivity, Efficiency
Pumps Shipped per Total Mfg Employees

	Jan	Feb	Mar	1Qtr (*)	Apr	May	Jun	2Qtr (*)	July	Aug	Sept	3Qtr (*)	Oct	Nov	Dec	4Qtr (*)	YTD (*)
Plan	1.12	1.72	1.44	1.43	1.25	1.16	1.31	1.24	1.22	1.16	0.87	1.08	1.25	1.09	1.03	1.13	1.22
Actual	1.00	1.2	1.78	1.33	1.36	1.27	1.48	1.37	1.48	1.6	1.88	1.65	1.48	1.91	1.29	1.56	1.48

Safety
Lost time Hours due to accidents / hours worked for all employees

	Jan	Feb	Mar	1Qtr	Apr	May	Jun	2Qtr	July	Aug	Sept	3Qtr	Oct	Nov	Dec	4Qtr	YTD
Plan	0	0	0	0	0	0	0	0	0	0	0	0	0	0	0	0	0
Actual	0	0	0	0	0	0	0	0	0	0	0	0	0	*2 20.5	0	20.5	20.5

Pump Testing - Assembled Pumps Passing Test First Time

	Jan	Feb	Mar	1Qtr	Apr	May	Jun	2Qtr	July	Aug	Sept	3Qtr	Oct	Nov	Dec	4Qtr	YTD
Plan %	95%	95%	95%	95%	95%	95%	95%	95%	95%	95%	95%	95%	95%	95%	95%	95%	95%
Actual %	88.5%	92.8%	90.0%	91.0%	90.9%	95.3%	97.9%	93.3%	92.1%	91.3%	98.5%	94.0%	96.6%	93.0%	91.3%	93.6%	93.0%
Ttl Tested	26	30	51	107	44	43	48	135	38	46	65	149	58	57	46	158	598

XXX Operation Performance Measures - CONFIDENTIAL

Cost of Quality (scrap and rework cost / Cost of Sales)

	Jan	Feb	Mar	1Qtr	Apr	May	Jun	2Qtr	July	Aug	Sept	3Qtr	Oct	Nov	Dec	4Qtr	YTD
Plan	1%	1%	1%	1%	1%	1%	1%	1%	1%	1%	1%	1%	1%	1%	1%	1%	
Actual	0.28%	0.38%	0.68%	0.45%	0.11%	0.14%	0.03%	0.09%	0.06%	0.53%	0.14%	0.24%	0.14%	0.07%	0.09%	0.10%	0.2

Statistical Process Control - SPC
   Number of Parts under SPC

	Jan	Feb	Mar	1Qtr	Apr	May	Jun	2Qtr	July	Aug	Sept	3Qtr	Oct	Nov	Dec	4Qtr	YTD
Plan	0	0	0	0	0	0	0	0	0	0	0	0	0	0	0	0	
Actual																	

Warranty - Net Warranty Expense as % of Total COS

	Jan	Feb	Mar	1Qtr	Apr	May	Jun	2Qtr	July	Aug	Sept	3Qtr	Oct	Nov	Dec	4Qtr	YTD
Plan %	0.2%	0.2%	0.2%	0.2%	0.2%	0.2%	0.2%	0.2%	0.2%	0.2%	0.2%	0.2%	0.2%	0.2%	0.2%	0.2%	0.
Actual %	0.14%	0.04%	1.73%	0.55%	0.82%	0.00%	0.03%	0.25%	0.21%	0.13%	0.28%	0.21%	0.06%	0.00%	0.34%	0.12%	0.2
COS $	451,961.7	352,351.7	306,909.2	1,111,222.6	390,975.8	399,226.7	523,701.7	1,313,904.2	642,390.0	551,757.5	543,942.5	1,738,090.0	485,892.5	594,544.17	483,919.17	1,564,355.84	5,727,572
Expense $	631.5	131.2	5,315.0	6,077.7	3,200.0	0	141.7	3,341.7	1,363.7	729.65	1,499.24	3,592.5	277.87	0	1,639.18	1,917.05	14,929

Continuous improvement.
   Number projects Completed.

	1Qtr	2Qtr	3Qtr	4Qtr
Plan	1	1	1	1
Actual	# 1	0	0	0

Purchasing Price Variance [last year's actual to YTD actual]   (LOCAL CURRENCY : ₩000.S)

	1Qtr	2Qtr	3Qtr	4Qtr
Plan	1,222,229	2,535,562	3,669,569	5,132,639
Actual	1,127,410	2,359,561	3,388,791	4,771,627

Supplier Delivery Performance - Recept Date varies Vandors Promise Date
   On time is 3 days early to 3 days late   (LOCAL CURRENCY : ₩000.S)

All Vendors

	Jan	Feb	Mar	1Qtr	Apr	May	Jun	2Qtr	July	Aug	Sept	3Qtr	Oct	Nov	Dec	4Qtr	YTD
Plan %	100%	100%	100%	100%	100%	100%	100%	100%	100%	100%	100%	100%	100%	100%	100%	100%	10
Actual %	98.2%	99.7%	94.9%	97.5%	97.8%	98.6%	96.9%	97.8%	96.3%	96.0%	94.8%	95.7%	96.7%	94.5%	96.6%	95.9%	96.
Ttl rcpts	684,895	290,170	440,659	1,415,724	485,480	538,052	612,884	1,636,416	633,055	326,043	520,013	1,479,111	496,311	758,127	568,892	1,823,330	6,354,5

Inventory Turns   (LOCAL CURRENCY : ₩000.S)
   Last four recent months of the times 3(annulized) / same months ending inventory

	Jan	Feb	Mar	1Qtr	Apr	May	Jun	2Qtr	July	Aug	Sept	3Qtr	Oct	Nov	Dec	4Qtr	YTD
Plan Turns	6.00	6.00	6.00	6.00	6.00	6.00	6.00	6.00	6.00	6.00	6.00	6.00	6.00	6.00	6.00	6.00	6.0
Actual Turns	7.01	7.01	6.18	6.73	5.21	4.53	4.49	4.74	4.82	5.12	5.53	5.16	5.56	5.32	4.82	5.23	5.4
Inventory	1,014,410	1,017,483	1,116,323	1,049,405	1,254,784	1,417,077	1,565,669	1,412,510	1,545,609	1,370,594	1,372,910	1,429,704	1,468,874	1,677,833	1,783,225	1,643,311	1,294,4

품질만족도의 계량적 평가 결과서(A)

Rev.　　　:
Date　　　:
Prep'd by　:
Chck'd by　:

Period :

부문	No.	항 목	입력 자료	부서명	Responsibility	만점	배점	비 고
A. 고객 만족 부문	2.1	고객희망 납기. (Shipping Performance / Customer wanted date up to 3 days late)	O.P.M.R	생 산	Schedular	8		
	2.2	고객약속 납기. (Shipping Performance / Promised date up to 3 days late)	O.P.M.R	생 산	Schedular	8		
	2.3	제품하자 비율 (Warranty & Goodwill)	O.P.M.R	개발 영업	After market MGR	8		
	2.4	고객불만 처리평가 (Rating of customer's complain handling)	고객불만 처리 평가서	개발 영업	After market MGR	8		
	소 계					32		
B. 생산 부문	2.5	생산성 및 효율 (Productivity, Efficiency) (Actual/Plan)x100	O.P.M.R	생 산	Production Dep't MGR	5		
	2.6	안전관리 (Safty)	O.P.M.R	생 산	안전 관리자	3		
	2.7	장비초과 가동시간 (Machine tool up time)	O.P.M.R	생 산	Production Dep't MGR	3		
	소 계					11		
C. 자재 부문	2.8	납품업체 납기 효율 (Supplier delivery performance)	O.P.M.R	자 재	Material Dep't MGR	6		
	2.9	재고 회전률 (Inventory turns)	O.P.M.R	자 재	Material Dep't MGR	8		
	소 계					14		
D. Q/A 부문	2.10	주물품 불량률 (Casting reject)	Monthly Report	품질 보증	Q/A Dep't MGR	8		
	2.11	외주가공품 및 제작품 불량률 (Finished parts reject)	Monthly Report	품질 보증	Q/A Dep't MGR	6		
	2.12	구매품 및 외자품 불량률 (Accessory reject)	Monthly Report	품질 보증	Q/A Dep't MGR	3		
	2.13	펌프 최종검사 불량률 (Pump final inspection reject)	Monthly Report	품질 보증	Q/A Dep't MGR	3		
	2.14	펌프 PKG 최종검사 불량률 (Package)	Monthly Report	품질 보증	Q/A Dep't MGR	3		
	2.15	자체 가공품 불량률 (In-house M/C Part)	Monthly Report	품질 보증	Q/A Dep't MGR	6		
	2.16	펌프시험 초기 합격률 (Pump test / Passed 1st time)	O.P.M.R	품질 보증	Q/A Dep't MGR	8		
	2.17	품질비용 (Cost of Quality)	O.P.M.R	품질 보증	Q/A Dep't MGR	6		
	소 계					43		
총 계	(A부문소계 + B부문소계 + C부문소계 + D부문소계)	* 96이상 : A(최상)　　* 90 - 95 : B(중상) * 81 - 89 : C(중)　　* 71 - 80 : D(중하) * 65 - 70 : E(최하)				100		최 상, 중 상 중, 중 하 최 하

※ Note : O.P.M.R ⇒ XXX Operation Performance Measure Report.

품질만족도의 계량적 평가 결과서(B)

Rev No. :
Date :
Prep'd by :
Chck'd by :

월 / 항목		Jan			Feb			Mar			Apr			May			Jun			Jul			Aug			Sep			Oct			Nov			Dec		
부문	만점	배점	배점율(%)	판정	배점	배점율(%)	판정	배점	배점율(%)	판정	배점	배점율(%)	판정	배점	배점율(%)	판정	배점	배점율(%)	판정	배점	배점율(%)	판정	배점	배점율(%)	판정	배점	배점율(%)	판정	배점	배점율(%)	판정	배점	배점율(%)	판정	배점	배점율(%)	판정
고객만족부문	32																																				
생산부문	11																																				
자재부문	14																																				
Q/A부문	43																																				
최종판정																																					

※ 각 부문별 판정 기준 : * 96%이상 : A(최상), * 90%-95% : B(중상), * 81%-89% : C(중), * 71%-80% : D(중하), * 65%-70% : E(하)

14

구매 및 자재관리

이 장에서는 구매관리, 자재관리, 재고관리, 원가관리 등이 주요 내용이다. 몇 가지만 실제 사례 위주로 간단히 짚어보고자 한다.

우선 최고경영자가 처음 어느 정도 궤도에 오를 때까지만 집중적으로 신경 쓰다가, 시간 부족으로 차츰차츰 덜 신경 쓰게 되는 분야라고 생각한다.

따라서 첫째, 위임과 전결의 사항을 명확히 해야 한다.

대체로 업체의 선정과 변경, 업체의 가격인상 및 예산초과 집행과 신규 고가 아이템의 구매 등만 보고케 하고, 그 밖에는 모두 부문장에게 위임하여 집행토록 했지만 소기의 성과를 이룩했다고 생각한다.

또한 과연 물품 구입에 따르는 판정기준의 실제 자료를 수시로 표본검사해 보고토록 함으로써 업체 선정기준이 객관성에 기준한 평가표에 이루어지는지를 감시토록 했다. 그리고 구매가격의 원가 분석이나 3배수 업체의 견적을 통한 경쟁원리를 도입하여 가격인하를 유도했다. 중요 품목에 대해서는 납기준수와 합격률(결함률)을 측정하여 그 결과값에 따라 결제조건을 좋게 해준다거나, 거래물량을 할증하거나 감소시키는 방식을 적용토록 하여 관심을 보이도록 유도하기도 했다. 그리고 예산에 입각한 구매금액의 결정이라는 원칙이 철저히 지켜지도록 예산작업시, 즉 매해 전년도 10월경에 다음 해의 품목별 구매 예산을 철저히 확정하도록 했다. 동시에 매월별 업무보고시에 예산 대 실제 개념의 구매업무 보고서를 작성해서 계획가격/실제구입가격/전년도구입가격(actual/plan/last year actual)의 금액을 비교함으로써 철저히 검증되게 했고 구매 일정에 따른 납기 관계도 수치화하여 관리토록 했다.

재고관리에 있어서는, 충분치 못한 재고는 생산을 저해하여 적정 판매량을 보유할 수 없게 하고, 반면에 지나친 재고 보유는 현금의 사장화를 가져와 기업의 자본흐름을 막게 될 것이다.

재고관리의 객관적인 판단을 위해 재고회전율(inventory turnover) 및 저회전 재고품(slow moving item)의 측정지표를 정의하여 운영했다.

재고회전율

일반적으로 재고자산회전율이란 매출액과 재고자산과의 비율을 말하지만, 해당되는 매월별 회전율 상태를 더 뚜렷이 하고 직접요소만의 비율로 정의하여 군더더기 영향을 배제하기 위해 본질적인 개념은 지키면서 약간 변형한 정의다.

$$재고회전율 = \frac{연간\ 매출원가(최근\ 4개월\ 간\ 매출원가\times3)}{평균\ 총\ 재고액(최근\ 4개월\ 간\ 평균\ 재고액)}$$

〈자료 14-2〉와 같이 재고감소·관리프로그램 보고서(inventory reduction & control program report)를 통해 재고액을 파악하고 재고 회전율을 목표회전율과 비교하여 관리하는 방식을 채택했다.

저회전 재고품

어느 개별 아이템의 회전율이 낮은지를 알아보기 위한 관리지표로서, 각 개별 아이템의 현재 재고량 중 연간 평균 수요수량 이상으로 초과하는 수량만큼을 저회전 재고품으로 선정하여 회전율을 높이고 과잉재고를 방지할 수 있도록 관리했다.

연간 평균 소요수량은 최근 3년 간 소요량의 평균값으로 계산함으로써 통계의 편차가 없도록 고려했다.

MONTHLY REPORT FOR DEC, 199X

B. PURCHASING & MATERIAL CONTROL

1). PURCHASING STATUS (C.O.S)

UNIT : ,000 WON

DESCRIPTION		'98 ACT (A)		'99 PLAN (B)		'99 ACT (C)		PERCENT			
		PERIOD	YTD	PERIOD	YTD	PERIOD	YTD	C/B	YTD	C/A	YTD
	(1). LOCAL										
	CASTING	235,164	2,459,009	251,554	2,633,948	241,698	2,496,093	96.1%	94.8%	102.8%	101.5%
	MAJOR	5,281	110,540	5,504	124,398	5,281	98,290	95.9%	79.0%	100.0%	88.9%
	MINOR	1,032	42,799	1,138	45,112	1,032	40,951	90.7%	90.8%	100.0%	95.7%
	MISC	17,788	176,707	18,384	186,178	17,757	174,319	96.6%	93.6%	99.8%	98.6%
	(2). IMPORT	31,964	427,329	36,810	465,315	27,820	361,693	75.6%	77.7%	87.0%	84.6%
	S-TOTAL	291,229	3,216,384	313,390	3,454,951	293,588	3,171,346	93.7%	91.8%	100.8%	98.6%
	(1). LOCAL										
	MAJOR	43,354	1,058,597	46,380	1,116,043	43,354	1,073,986	93.5%	96.2%	100.0%	101.5%
	MINOR	4,020	100,854	4,254	109,619	4,080	102,046	95.9%	93.1%	101.5%	101.2%
	MISC	4,129	56,447	4,152	58,705	4,054	55,160	97.6%	94.0%	98.2%	97.7%
	(2). IMPORT	28,396	372,984	30,388	393,321	28,396	369,089	93.4%	93.8%	100.0%	99.0%
	S-TOTAL	79,899	1,588,882	85,174	1,677,688	79,884	1,600,281	93.8%	95.4%	100.0%	100.7%
	(1). LOCAL										
	CASTING	235,164	2,459,009	251,554	2,633,948	241,698	2,496,093	96.1%	94.8%	102.8%	101.5%
TOTAL	MAJOR	48,635	1,169,137	51,884	1,240,441	48,635	1,172,276	93.7%	94.5%	100.0%	100.3%
	MINOR	5,052	143,653	5,392	154,731	5,112	142,997	94.8%	92.4%	101.2%	99.5%
	MISC	21,917	233,154	22,536	244,883	21,811	229,479	96.8%	93.7%	99.5%	98.4%
	(2). IMPORT	60,360	800,313	67,198	858,636	56,216	730,782	83.7%	85.1%	93.1%	91.3%
G - TOTAL		371,128	4,805,266	398,564	5,132,639	373,472	4,771,627	93.7%	93.0%	100.6%	99.3%

(NOTE : BARE PUMP IS 99' PLAN PRICE INCLUDED 3% LOSS RATE)

2) DELIVERY STATUS

UNIT : Q'TY

DESCRIPTION		TOTAL DELIVERY		ON TIME DELIVERY		PERCENT	
		PERIOD(D)	YTD(E)	PERIOD(F)	YTD(G)	F/D	G/E
	(1). LOCAL						
	CASTING	591	7,946	517	7,300	87.5%	91.9%
	MAJOR	101	2,641	85	2,508	84.2%	95.0%
	MINOR	117	4,715	117	4,526	100.0%	96.0%
	MISC	16,454	226,406	15,945	219,041	96.9%	96.7%
	(2). IMPORT	401	5,319	394	5,112	98.3%	96.1%
	TOTAL	17,664	247,027	17,058	238,487	96.6%	96.5%

B - 1) C.O.S PLAN VS ACTUAL PERFORMANCE

PAGE : 2 OF 2
REV : 0
DATE :
PREPD BY :
UNIT : 000 WON

MONTH		CASTING	MAJOR	MINOR	MISC	IMPORT	TOTAL
1	'98 ACT (A)	236,234	293,378	33,027	15,467	31,347	609,453
	'99 PLAN (B)	260,798	308,588	35,440	16,898	34,065	655,789
	'99 ACT (C)	236,234	294,994	33,089	15,467	31,347	611,131
	% (C/B)	90.6%	95.6%	93.4%	91.5%	92.0%	93.2%
	% (C/A)	100.0%	100.6%	100.2%	100.0%	100.0%	100.3%
2	'98 ACT (A)	119,631	34,897	5,196	12,578	36,619	208,921
	'99 PLAN (B)	127,466	37,233	5,817	15,027	42,875	228,418
	'99 ACT (C)	119,631	34,897	4,862	12,578	29,457	201,425
	% (C/B)	93.9%	93.7%	83.6%	83.7%	68.7%	88.2%
	% (C/A)	100.0%	100.0%	93.6%	100.0%	80.4%	96.4%
3	'98 ACT (A)	199,982	51,320	11,593	24,464	28,942	316,301
	'99 PLAN (B)	213,289	53,730	12,512	25,721	32,770	338,022
	'99 ACT (C)	199,982	51,320	11,588	24,460	27,504	314,854
	% (C/B)	93.8%	95.5%	92.6%	95.1%	83.9%	93.1%
	% (C/A)	100.0%	100.0%	100.0%	100.0%	95.0%	99.5%
4	'98 ACT (A)	132,737	92,918	8,109	18,600	86,775	339,139
	'99 PLAN (B)	145,252	100,201	8,718	19,667	80,286	354,124
	'99 ACT (C)	135,740	92,918	8,109	18,600	86,140	341,507
	% (C/B)	93.5%	92.7%	93.0%	94.6%	107.3%	96.4%
	% (C/A)	102.3%	100.0%	100.0%	100.0%	99.3%	100.7%
5	'98 ACT (A)	256,667	41,207	4,890	8,716	139,295	450,775
	'99 PLAN (B)	274,050	43,407	6,058	9,099	151,210	483,824
	'99 ACT (C)	257,315	41,207	4,890	8,707	117,580	429,699
	% (C/B)	93.9%	94.9%	80.7%	95.7%	77.8%	88.8%
	% (C/A)	100.3%	100.0%	100.0%	99.9%	84.4%	95.3%
6	'98 ACT (A)	238,349	139,786	23,404	26,884	30,443	458,866
	'99 PLAN (B)	254,028	141,604	24,529	27,969	30,457	478,587
	'99 ACT (C)	243,582	139,786	23,253	26,884	30,443	463,948
	% (C/B)	95.9%	98.7%	94.8%	96.1%	100.0%	96.9%
	% (C/A)	102.2%	100.0%	99.4%	100.0%	100.0%	101.1%
7	'98 ACT (A)	210,220	156,300	5,415	20,415	87,750	480,100
	'99 PLAN (B)	224,436	163,857	5,519	21,218	94,757	509,787
	'99 ACT (C)	213,762	156,300	5,414	20,196	72,001	467,673
	% (C/B)	95.2%	95.4%	98.1%	95.2%	76.0%	91.7%
	% (C/A)	101.7%	100.0%	100.0%	98.9%	82.1%	97.4%
8	'98 ACT (A)	129,957	18,983	7,389	20,457	37,242	214,051
	'99 PLAN (B)	137,870	20,741	7,418	21,120	38,415	225,564
	'99 ACT (C)	132,168	18,983	7,099	18,737	34,527	211,514
	% (C/B)	95.9%	91.5%	95.7%	88.7%	89.9%	93.8%
	% (C/A)	101.7%	100.0%	96.1%	91.5%	92.7%	98.8%
9	'98 ACT (A)	180,345	84,742	9,367	17,130	75,404	366,988
	'99 PLAN (B)	192,759	99,604	10,733	17,728	77,832	398,656
	'99 ACT (C)	184,507	83,317	10,048	16,257	66,869	380,998
	% (C/B)	95.7%	83.6%	93.6%	91.7%	85.9%	90.6%
	% (C/A)	102.3%	98.3%	107.3%	94.9%	88.7%	98.4%
10	'98 ACT (A)	170,041	68,626	17,067	17,273	106,368	379,375
	'99 PLAN (B)	181,934	71,738	18,786	17,700	116,079	406,237
	'99 ACT (C)	174,837	68,626	16,533	16,785	100,600	377,381
	% (C/B)	96.1%	95.7%	88.0%	94.8%	86.7%	92.9%
	% (C/A)	102.8%	100.0%	96.9%	97.2%	94.6%	99.5%
11	'98 ACT (A)	349,682	138,345	13,144	29,330	79,668	610,169
	'99 PLAN (B)	373,714	144,651	13,810	30,200	92,692	655,067
	'99 ACT (C)	359,640	138,345	12,945	28,997	78,098	618,025
	% (C/B)	96.2%	95.6%	93.7%	96.0%	84.3%	94.3%
	% (C/A)	102.8%	100.0%	98.5%	98.9%	98.0%	101.3%
12	'98 ACT (A)	235,164	48,635	5,052	21,917	60,360	371,128
	'99 PLAN (B)	251,554	51,884	5,392	22,536	67,198	398,564
	'99 ACT (C)	241,698	48,635	5,112	21,811	56,216	373,472
	% (C/B)	96.1%	93.7%	94.8%	96.8%	83.7%	93.7%
	% (C/A)	102.8%	100.0%	101.2%	99.5%	93.1%	100.6%
TOTAL	'98 ACT (A)	2,459,009	1,169,137	143,653	233,254	800,213	4,805,266
	'99 PLAN (B)	2,637,150	1,237,238	154,732	244,883	858,636	5,132,639
	'99 ACT (C)	2,499,096	1,169,328	142,942	229,479	730,782	4,771,627
	% (C/B)	94.8%	94.5%	92.4%	93.7%	85.1%	93.0%
	% (C/A)	101.6%	100.0%	99.5%	98.4%	91.3%	99.3%

ASSUMPTION
1. '99 COS ESTIMATED '98 ACTUAL COST (TO ONLY CASTING 98' ACTUAL COST X1.03)
2. IMPORT PRICE CAN BE CHANGED WITH EXCHANGE RATE & Q'TY DEDUCTION.
3. '98 ACT = '98 UNIT PRICE X '99 QUANTITY (TO CONPARE WITH '99 ACT)

INVENTORY REDUCTION AND CONTROL PROGRAM

LOCAL CURRENCY

PAGE : 1 OF 4
REV : 0
DATE :
PREPD BY :

Year And Months	Actual Cost of Sales	(Last 4 Months Cost of Sales) x 3	Actual Value of Inventory	Last 4 Months Average of Inventory (A)	Amount Target of Inventory Turns 6.0 (B)	Cumulative Reduction (A− B)
98.10	438,524,000	–	1,042,773,357	–	–	–
98.11	659,369,000	–	1,012,824,640	–	–	–
98.12	567,896,000	–	755,689,346	–	–	–
99.01	568,877,000	6,703,998,000	1,014,410,206	956,424,387	1,117,333,000	− 160,908,613
99.02	422,822,809	6,656,894,427	1,017,483,162	950,101,839	1,109,482,405	− 159,380,566
99.03	450,623,000	6,030,656,427	1,116,323,072	975,976,447	1,005,109,405	− 29,132,958
99.04	469,171,000	5,734,481,427	1,254,784,284	1,100,750,181	955,746,905	145,003,277
99.05	472,079,000	5,444,087,427	1,417,077,182	1,201,416,925	907,347,905	294,069,021
99.06	613,142,000	6,015,045,000	1,565,668,654	1,338,463,298	1,002,507,500	335,955,798
99.07	770,868,000	6,975,780,000	1,545,608,289	1,445,784,602	1,162,630,000	283,154,602
99.08	662,109,000	7,554,594,000	1,370,593,893	1,474,737,005	1,259,099,000	215,638,005
99.09	652,731,000	8,096,550,000	1,372,909,736	1,463,695,143	1,349,425,000	114,270,143
99.10	583,071,000	8,006,337,000	1,468,874,615	1,439,496,633	1,334,389,500	105,107,133
99.11	713,453,000	7,834,092,000	1,677,833,367	1,472,552,903	1,305,682,000	166,870,903
99.12	580,703,000	7,589,874,000	1,783,225,005	1,575,710,681	1,264,979,000	310,731,681

DATE	INCHARGE OF	PM	GM

INVENTORY (SUMMARY BY TYPE)

W/P E- 1

COMPANY : XXX

PAGE : 2 OF 4
REV : 0
DATE :
PREPD BY :

INVENTORY BY

CLASSIFICATION

1. RAW MATERIAL	AMOUNT	REMARKS
1) ROUGH CASTINGS	63,639,514	PAGE 1 ~ 8
2) MACHINED PARTS & CASTING		
- MACHINED CASTINGS - FINISHE	59,412,188	PAGE 9 ~ 16
- MACHINED PARTS - FINISHED	87,517,936	PAGE 17
- PURCHASED PARTS - FINISHED	46,050,330	PAGE18 ~ 20
- MOTORS AND CONTROLS	31,011,140	PAGE 21~ 22
- OTHER - FINISHED	31,928,600	PAGE 23~ 24
3) OUTSIDE VENDOR STORAGE	85,261,800	PAGE 25
* SUB - TOTAL	204,821,508	

2. FINISHED GOODS.		
- ASSEMBLES	68,784,087	PAGE 26
* SUB - TOTAL	68,784,087	

※ NOTE - FINISHED YY PRICE WAS BASED ON ZZ

3. WORK IN PROCESS		
1) MACHINING SHOP	44,468,100	PAGE 27
2) ASSEMBLES SHOP	65,151,310	PAGE 28
*SUB - TOTAL	09,619,410	

***GRAND - TOTAL**   783,225,005

DATE	INCHARGE OF	PM	GM

INVENTORY TURNS

LOCAL CURRENCY
(000,S)

Months	Actual Cost of Sales	(Last 4 Months Cost of Sales) x 3,(A)	Actual Value of Inventory	Last 4 Months Average of Inventory (B)	TURNS (A/B)	TARGET OF 1999 TURNS	REMARK
98.10	438,524	–	1,042,773	–	–	6.0	
98.11	659,369	–	1,012,824	–	–	6.0	
98.12	567,896	–	755,689	–	–	6.0	
99.01	568,877	6,703,998	1,014,410	956,424	7.01	6.0	
99.02	422,822	6,656,892	1,017,483	950,102	7.01	6.0	
99.03	450,623	6,030,654	1,116,323	975,976	6.18	6.0	
99.04	469,171	5,734,479	1,254,784	1,100,750	5.21	6.0	
99.05	472,079	5,444,085	1,417,077	1,201,417	4.53	6.0	
99.06	613,142	6,015,045	1,565,669	1,338,463	4.49	6.0	
99.07	770,868	6,975,780	1,545,609	1,445,785	4.82	6.0	
99.08	662,109	7,554,594	1,370,594	1,474,737	5.12	6.0	
99.09	652,731	8,096,550	1,372,910	1,463,696	5.53	6.0	
99.10	583,071	8,006,337	1,468,874	1,439,497	5.56	6.0	
99.11	713,453	7,834,092	1,677,833	1,472,553	5.32	6.0	
99.12	580,703	7,589,874	1,783,225	1,575,711	4.82	6.0	
AVERAGE	575,029	6,886,865	1,294,405	1,282,926	5.47	6.0	

DATE	INCHARGE OF	PM	GM

자료 14-2

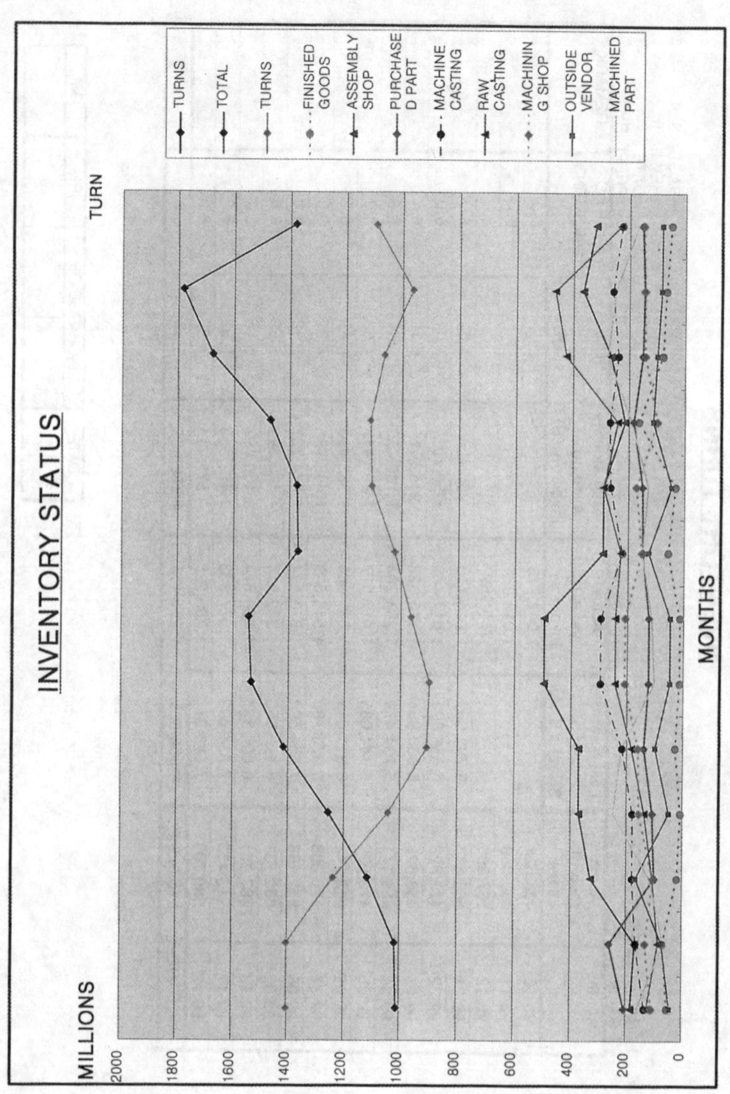
INVENTORY STATUS
MILLIONS
TURN
MONTHS
2000
1800
1600
1400
1200
1000
800
600
400
200
0
TURNS
TOTAL
TURNS
FINISHED GOODS
ASSEMBLY SHOP
PURCHASED PART
MACHINE CASTING
RAW CASTING
MACHINING SHOP
OUTSIDE VENDOR
MACHINED PART

15

연구 · 개발과 정보기술

급변하는 수요자의 기호와 시장경쟁여건은 제품의 만족도와 판매가격 사이에 고객과의 괴리를 발생시킬 여지를 늘 만들어놓고 있다. 따라서 제품의 라이프사이클에 대비한 새로운 제품 개발을 향한 연구 · 개발(R&D)을 소홀히 할 수가 없을 것이다. 중소기업체로서는 현재 상태를 유지해가기도 어려운 처지에서 무척 난감한 주제지만, 그러한 단계를 넘어서기 위해서도 역설적으로 기업의 R&D 중요성은 간과할 수 없다 할 것이다.

필자가 경험한 바로는 우리 기업풍토에서는 하잘것 없다고 버릴 만한 사소한 사항도 중히 여기고 끊임없는 노력과 반복된 실험으로 결과를 이루어내는 서구인들의 열의에 감탄한 적이 많다. 우리 기업풍토에서는 무언가 큰 사업거리를 잡으려 하는 풍조인 데 비하여, 그들은 이미 성숙된 시장에서 모든 기업의 몫이 대체로 정해진 여건에서 자기 분야와 관련된 조그만 몫이라도 더 늘려가려는 자세를 가진 데서 근본 차이가 있지 않은가 생각하곤 했다.

이러한 R&D 활동에서 가장 크게 느낀 것은 철저히 영업 및 판매 부문으로부터 입수된 시장정보에 근거해야 한다는 점이다. R&D 주제 선정과 우선순위 선정을 위해 영업부문으로부터 정보를 입수키 위한 일정한 네트워크와 표준형식이 구성되어 있다. 또한 R&D 과정 중이거나 개발완료 후에도 영업부문이 개발부서와 같이 참여하도록 하여 시장정보에 입각한 R&D의 원칙이 철저히 지켜지고 있었다. R&D 계획과 일정, 예산관계, 중요 회의록 등의 자료가 있으나 보편적인 관계성이 희박한 듯하여 더 이상의 기술은 생략하기로 하겠다.

정보기술(information technology : IT) 분야도 중소기업으로서는 업무능력 면에서 뒤처질지도 모른다는 우려 때문에 멀리할 수도 없지만, 비용을 고려할 때는 가까이도 할 수 없는 불가근 불가원의 주제라고 생각한다. 그러나 경제적 어려움만 생각한다면 항상 낙후성을 벗어나기 어려울 것이므로, 비록 중소기업체로서 적당한 전문인력을 확보하기가 쉽지는 않겠지만, 기존 인력 중에서 관심 있고 약간의 능력을 갖춘 구성원으로 위원회를 구성하여 정보기술 분야에 어느 정도는 보조를 맞추어 나가야 한다고 생각한다.

필자의 경험에서 보건대, 비록 작은 규모의 회사이지만 ISO 9001의 인증과 Y2K에 대비한 사항 및 사내 컴퓨터의 LAN망을 형성하고 인터넷이나 전자상거래에 대한 여러 가지 유행정보에서 어느 누구보다 앞서 나갈 수 있었던 것은 이러한 IT분야의 운영 덕택이었다고 생각하고 있다. 특히 이제 새로운 세대는 업무의 편리성과 신속성이 갖추어 있지 않으면 예전 세대와 같은 의무와 헌신의 윤리를 기대하기 어려운 풍조로 달라졌다. 따라서 이제는 중소업체에서도 IT 부문의 운영은 필수가 되었다고 생각하며, 위원회 방식의 인원할당으로라도 몇몇 사람에게는 고유부문의 업무활동에 추가하여 이 기

능을 수행시키고 부족한 부분은 외부기관에서 용역을 받는 형태로
서 IT부문의 강화를 강력히 추진하라고 권고하고 싶다.

　더욱이 미래에 도래할 비즈니스 세계는 인터넷과 전자상거래의
세상이 될 것이라는 전문가의 예측을 감안한다면, 이에 대한 만반
의 준비를 갖추어야 함은 더 말할 필요도 없다.

맺음말

보잘것 없는 생활의 기록을 정리하다 보니 참으로 아쉬운 점이 많이 느껴진다. 처음부터 이럴 요량으로 책을 써볼 생각을 가졌더라면, 그때 그때 좀더 자료를 잘 정리하여 둘걸 하는 후회스러움과, 외국의 좋은 자료를 많이 요청하고 받아둘걸 하는 아쉬움, 과연 이렇게 평범한 내용의 되풀이에 독자가 관심이나 가져줄 것인가 하는 의구심 등등….

또한 필자가 이 책에 담은 내용이 정말 읽을 만한 가치가 있는 것인지 여러 번 자문해보기도 했다.

그 동안 우리 세대와 우리의 부모님 세대는 이제껏 동서고금을 막론하고 유례가 없을 정도로 급변하는 세상을 살아오지 않았나 생각한다. 일제 강점 기간과 해방 이후 한국전쟁(6·25) 등 정말 어려운 시기를 살아온 부모님 세대는 제대로 먹지도 못하고, 좋은 물건 원하는 만큼 사용해보지도 못하는 어려운 살림을 하면서도 자식들 교육에 모두를 바친 삶이 아니었을까 싶다. 우리 세대는 이러한 교육을 기반으로 국제적인 경쟁여건하에 산업자본주의화와 국민경제 성장을 추구해오면서 이제껏 어느 나라에서도 이루어본 적이 없을 만큼 전세계가 경이와 감탄의 시선을 쏟은 경제개발 모범국으로 발전하는 민족적 저력을 발휘했다고 생각한다.

이제 달라진 국제 간 경쟁여건으로 인해 앞으로는 어느 나라에서도 우리가 이룩했던 성장신화를 이룰 수 없으리라고 판단될 정도로 장기간에 걸친 고성장과 산업화를 이루어온 가장 뚜렷한 원동력은 무엇이었을까? 할 수 있다는 의지와 한 번 해보자는 정신으로 뭉쳐 개인과 가족적인 삶의 의미보다도 회사나 직장에 더 헌신하는 생활을 하면서 오늘을 이루어내지 않았나 생각한다. 이제 굴곡과 좌절의 경제위기를 겪으면서 한층 더 성숙된 마음으로 새로이 일어서야 할 때다.

세계적으로 훌륭한 여러 회사의 좋은 사례를 벤치마킹하여 나의 것으로 접목시키고, 그리하여 국제적인 경쟁력을 갖춘 수많은 중소기업이 이 경제계를 뒷받침해야 할 것이다.

이제 성장과 안정, 그리고 사회 여러 이익세력 간의 분배의 형평성 등에 있어서 정치 위주로 일관되었던 사회관념, 또한 기업에 있어서도 기업지배구조의 변화와 투명경영 등 변화의 바람이 불어오고 있고 더 빠른 속도로 바람직한 방향으로 변화해가고 있다. 과거와 같이 정치인과 정부관리가 비정상적인 사회이익분배 구조하에서 인위적으로 시혜하는 것 같은 사회구조가 아니고, 실천적으로 사회수익과 재화 창조에 기여한 정도에 따라 보상이 이루어지는 사회, 사회의 모든 보상이 리스크와 창조성과 이익창조에 비례하여 향수되는 사회에서는 앞에서 얘기한 여러 가지 사례를 실천하려는 의욕이 앞서게 되리라고 믿는다.

* * *

끝으로 그 동안 심정적 갈등이 없지 않았음을 인정하지 않을 수 없다

종업원의 복리·후생 증진과 조화를 이루는 문제, 순이익과 주주 배당과 세금납부의 상호연관성 및 이러한 원칙을 지키면서 느끼는 사회의 구조적 모순 등에 대해 많은 고민을 해왔다. 금융관습의 폐해, 정부부문·공기업·대기업과의 관계에서 경제적 배분관계의 불평등성, 그럼에도 불구하고 종업원에게는 희생과 의무를 요구해야 하는 현실 등 바른 경영을 하려는 다짐이 때로는 이러한 회의와 갈등으로 흔들린 적도 있었음을 고백하지 않을 수 없다.

우리는 너무나도 짧은 기간 동안에 산업자본주의화의 목표만을 향해 매진하면서, 비록 응축되고 압축된 성장의 열매를 맺기는 했다고 할지라도 그 결실에는 과정의 도덕성과 결과의 공평한 분배라는 관점에서 재고해야 할 여러 가지 모순을 안고 있다는 생각이 든다. 이러한 잘못을 고치는 것 또한 우리의 의무다. 우리는 긍정적이고 적극적이고 건설적인 믿음을 가지면서 우리 사회가 바른 방향으로 나아가도록 감시하고 참여하는 우리의 본분을 망각해서는 아니 될 것이다.

부족한 보상체제에서도 그 동안 묵묵히 따라주고, 같이 어깨를 맞대며 일해온 임직원들뿐만 아니라 오늘의 사회를 이루기까지 밑거름이 되어온 우리나라의 모든 일꾼들에게 이런 자리를 빌려 사례의 말씀을 전하고자 한다. 이 보잘것 없는 조그만 책자가 온갖 어려운 여건에서도 고군분투하며 이 나라 중소기업체를 운영하는 여러분들께 조금이라도 도움이 되기를 바란다.

미국 CEO 벤치마킹

지은이 / 하대홍
펴낸이 / 김경태
펴낸곳 / 한국경제신문 한경BP
등록 / 제2-315(1967. 5. 15)
제1판 1쇄 인쇄 / 2002년 5월 30일
제1판 1쇄 발행 / 2002년 6월 10일
주소 / 서울특별시 중구 중림동 441
기획출판팀 / 3604-553~6
영업마케팅팀 / 3604-595, 7
FAX / 360-4599

* 파본이나 잘못된 책은 바꿔 드립니다.
ISBN 89-475-2383-6 03320

값 8,000원

메가트렌드 2000

존 나이스비트 외 지음/김홍기 옮김
양장/9,800원

2000년대는 정치개혁과 경이적인 기술혁신 등으로 인류에게 지금까지와 전혀 다른 변화양상을 안겨줄 것이다. 이 책은 과거 어둡고 비관적인 세기말적 변화보다는 경제호전, 예술의 번영, 시장사회주의의 출현, 복지국가의 쇠퇴 등 밝고 새로운 흐름을 보여주고 있다.

메가트렌드 아시아

존 나이스비트 지음/홍수원 옮김
양장/9,500원

21세기에는 아시아가 미국주도의 상품과 소비시장에 가장 중요한 경쟁자로 떠오를 것이다. 저명한 미래예측가인 저자는 역동적으로 변화하는 아시아의 모습을 8가지 트렌드로 분석했다. 특히 한국에 나타나고 있는 폭넓은 변화와 앞으로의 역할도 살펴보고 있다.

하이테크 하이터치

존 나이스비트 지음/안진환 옮김
양장/15,000원

저자는 특유한 통찰력으로 소비재 기술과 유전자 기술에서부터 전자오락의 폭력성과 씨름하는 부모들의 골칫거리에 이르는 모든 것을 탐험하며, 과학·종교·군사·상업·정보·통신·예술·레저분야의 문제점과 변화양상을 적시하고 그 해결책과 대응책을 제시한다.

미래의 결단

피터 드러커 지음/이재규 옮김
양장/9,000원

현대 경영학의 대부, 피터 드러커는 이 책에서 「스스로를 다시 생각함으로써 회생할 수 있다」고 전제하고 기업의 5가지 치명적 실수, 가족기업을 경영하는 규칙, 대통령을 위한 6가지 규칙, 새로운 국제시장의 개발, 3가지 종류의 팀조직 등 바람직한 미래를 실현하기 위한 방안을 제시했다.

비영리단체의 경영

피터 드러커 지음/현영하 옮김
신국판/8,000원

선진국에서는 학교, 자선단체 등 비영리단체의 경영혁신이 선풍을 일으키고 있다. 이 책은 저자가 교수생활을 하면서 비영리단체에서 봉사했던 경험을 바탕으로 조직관리, 예산 등 경영전반에 대한 문제점을 심도있게 분석하고 개선방안을 제시했다.

21세기 지식경영

피터 드러커 지음/이재규 옮김
양장/13,000원

피터 드러커는 이 책에서 새로운 경영 패러다임이 경영의 원칙과 관련한 기본가정을 어떻게 변화시켜 왔는지, 또 어떻게 변화시킬 것인지에 대해 통찰하고 있다. 앞으로 수십년 동안, 아니 수년내에 틀림없이 일어날 여러 문제에 대처하지 못한다면 생존할 수 없다는 드러커의 마지막 경고!

미래의 조직

피터 드러커 외 지음/이재규 옮김
양장/13,000원

당대 최고의 경영학자, 실무자, 컨설턴트가 참여한 이 책에는 미래 조직이 존속하고 번영하려면 조직과 리더가 어떻게 변해야 하는지 실질적인 조언을 하고 있다. 특히 정부, 기업, 사회단체 등 모든 인간조직의 미래모습에 대해 통찰력 있는 비전을 제시하고 있다.

자본주의 이후의 사회

피터 드러커 지음/이재규 옮김
양장/9,000원

사회주의권의 몰락 이후 탈냉전 분위기 속에서 향후 세계 변화가 주요 관심사로 떠오르고 있다. 저자는 자본주의적 시장구조와 기구는 존속되지만 주권국가의 통제력은 약화되고 전문지식을 갖춘 지식경영자 중심의 글로벌화 사회가 될 것으로 예측하고 있다.

미래기업

피터 드러커 지음/고병국 옮김
양장/9,500원

우리 시대의 가장 뛰어난 사회·경영학자이자 미래학자인 드러커의 「변혁시대 기업생존전략 연구서!」. 세계경제가 빠르게 바뀌어 감에 따라 기업의 새로운 경영전략 모델, 즉 5가지 변화조건을 분석했다. 사회·경제학 시각에서 세계경제 흐름을 통찰한 역저.

자본주의 이후 사회의 지식경영자

피터 드러커 지음/이재규 옮김
양장/10,000원

새롭게 도래하고 있는 미래조직에서의 효과적인 의사결정방법, 경영자가 직면할 도전, 지식근로자의 생산성 향상을 위한 동기 부여에 대해 조언하고 있다. 저자의 탁월한 역사적 지식과 도덕적 상상력으로 지식 경영자의 책임과 자세를 제시한다.

21세기 리더의 선택

피터 드러커 외 지음/한근태 옮김
양장/15,000원

피터 드러커, 찰스 핸디 등 뛰어난 사상가들과 탁월한 리더들이 쓴 글을 모은 이 책은 지식사회를 이끄는 리더의 과제와 사명에 대한 것이다. 더불어 새로운 정보경제 시대에 맞는 아이디어에 불을 붙이고 새 깃발을 올리고 갈증을 해소시켜 리더와 리더십에 관한 새로운 지평을 열어주고 있다.

피터 드러커 평전
—지식 르네상스인 피터 드러커

이재규 지음
신국판/9,800원

경영학의 아버지 피터 드러커의 삶과 학문을 추적함으로써 한 세기를 풍미한 그의 사상과 미래전망을 살펴볼 수 있다. 지식사회를 어떻게 살아야 하고 미래사회에 어떻게 대처해야 할 것인지 고뇌하는 이들이라면 꼭 읽어봐야 할 필독서.

20세기를 움직인 사상가들

기 소르망 지음/강위석 옮김
신국판/13,000원

20세기 사상계에 결정적인 영향을 끼친 사람들은 과연 누구인가? 프랑스의 저명한 경제학자이자 사회학자인 기 소르망이 29명의 생존해 있는 현대 최고의 사상가들과의 직접 인터뷰를 통해 그들 자신이 전생애를 바친 사상과 사색의 놀라운 통찰을 기록·정리했다.

자본주의 종말과 새 세기

기 소르망 지음/김정은 옮김
양장/13,000원

저자는 자본주의 체제를 위협하는 것은 「도덕적 불만」과 「자본주의에 대한 몰이해」라고 주장하고 러시아·중국·독일·인도 등 20여 개국의 자본주의의 현재 모습을 살펴보고 있다. 또한 현재의 자본주의의 위기를 극복하기 위한 구체적인 방안에 대해서도 통찰하고 있다.

열린 세계와 문명창조

기 소르망 지음/박 선 옮김
양장/13,000원

기 소르망은 서로 다른 문화가 충돌하는 유럽, 러시아, 중국, 일본, 아프리카, 라틴아메리카의 국경으로 우리를 이끈다. 통독 이후의 문제, 북한의 실상(본문의 「아홉번째 여행」 참조)과 우리의 미래, 미국화로 상징되는 맥몽드(McMonde)의 악몽 속에서 대응법을 찾아보자.

경영창조

톰 피터스 지음/이왈수 옮김
양장/9,000원

치열한 경쟁 속에서 기업이 슬기롭게 대처하려면 어떻게 해야 하는가? 저자는 다른 기업과 두드러진 차별성을 갖고 시장과 고객 앞에 나서야 한다고 처방한다. 기업이 안팎의 변화에 맞서 어떤 방법과 발상으로 접근해야 하는가에 대한 210개 항목이 기업 경영창조의 새로운 길을 열어준다.

경영파괴

톰 피터스 지음/안중호 옮김
양장/8,500원

이제 리스트럭처링·리엔지니어링으로는 급변하는 시대를 이길 수 없다. 기업의 조직은 상상을 초월하는 혁신적인 네트워크형이 되어야 한다. 세계적 경영컨설턴트인 저자가 번득이는 아이디어로, 경영자들이 재창조와 혁명을 향해 전진할 수 있도록 혁신방안을 제시한다.

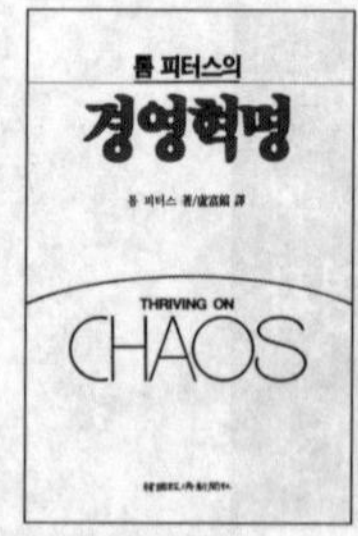

경영혁명

톰 피터스 지음/노부호 옮김
양장/13,000원

정보화사회는 불확실성이 심화된 사회로 기업경영의 경기규칙과 새로운 경영스타일 등 생존을 위한 변화는 가히 혁명적이라 할 수 있다. 이 책은 전통적 사고에 도전하고 조직이 사람을 위해 존재할 수 있도록 변화를 유도하는 45가지 경영 실천전략을 제시한 기업경영자의 '비즈니스 핸드북' 이다.

혁신경영

톰 피터스 지음/이진 옮김
양장/15,000원

이 책은 혁신의 순환을 이루는 15개의 불연속적인 아이디어를 독특한 방식으로 설명하고 있다. 저자는 지속적으로 혁신을 추구할 수 있도록 극단적이지만, 실용성 있는 가이드 라인을 제시한다. 혁신이야말로 개인과 조직이 살아남는 최후의 생존전략이 될 것이다.

트러스트

프랜시스 후쿠야마 지음/구승회 옮김
양장/12,000원

한 나라의 경제는 규모만으로는 설명될 수 없다. 사회적 자본이 중요하며 그 핵심이 바로 신뢰다. 저자는 이 책에서 개인주의, 가족주의에 기반을 둔 저신뢰 사회의 특성을 혹독하게 비판하면서 신뢰는 경제와 사회, 문화를 아우르는 놀라운 가치라고 강조한다.

대붕괴 신질서

프랜시스 후쿠야마 지음/한국경제신문
국제부 옮김/양장/16,000원

산업사회에서 정보화사회로의 이행과정에서 나타나는 질서의 붕괴와 정신의 퇴폐는 인류사회에 필연적으로 「대붕괴」를 불러오고 있다. 이 현상은 언제까지 계속될 것이며 우리에게 남겨진 선택지는 무엇인가. 《역사의 종말》《트러스트》 저자의 놀라운 탁견!

코피티션

배리 J. 네일버프 · 아담 M. 브란덴버거 지음/김광전 옮김/양장/9,000원

비즈니스 게임은 끊임없이 변하므로 전략도 당연히 변해야 한다. 경쟁(competition)과 협력(cooperation), 양자의 장점을 결합한 코피티션 전략은 기존의 비즈니스 게임을 혁신할 혁명적인 신사고다. 저자들은 게임 자체를 변화시켜 이득을 최대화하는 5가지 요소의 비즈니스 전략을 제시했다.

편집광만이 살아남는다

앤드류 그로브 지음/유영수 옮김
양장/10,000원

인텔 불패 신화의 주인공, 앤드류 그로브의 경영과 인생! 경쟁에서 이기기 위한 키워드 「편집광」에 주목하라. 예리한 판단력과 관찰력을 겸비한 그로브는 첨단산업을 경영하는 데 필요한 자세와 방법에 대해 자세히 설명하고 있다. 〈퍼블리셔스 위클리〉, 〈뉴욕 타임스 북 리뷰〉 장기간 베스트셀러!

리스크
─리스크 관리의 놀라운 이야기

피터 번스타인 지음/안진환 외 옮김
양장/12,000원

현대 경영에서 빼놓을 수 없는 리스크 관리. 리스크를 이해하고 측정하며 그 결과를 가늠하는 방법을 밝혀내기 위한 인류의 노력은 눈물겹다. 그리스시대부터 현재까지 다양한 위기의 순간들과 이를 헤쳐나가는 과정을 역사와 철학, 경제학 관점에서 돌아보았다.

주식시장 흐름 읽는 법

우라가미 구니오 지음/박승원 옮김
신국판/5,500원

무질서하고 예측이 불가능해 보이는 주식시장도 장기적으로 보면 특정한 네 개의 국면을 반복하고 있다. 이 책은 이 네 개의 국면이 어떻게 순환되고 어떤 종목이 활약하는지 알 수 있는 안목을 제시해주고 주식투자시 리스크를 피하는 방법에 대해서도 설명하고 있다.

월가 천재소년의 100가지 투자법칙

멧 세토 지음/형선호 옮김
신국판/8,500원

10대 천재소년 멧 세토가 세운 뮤추얼 펀드의 연간 수익률은 단연 압도적이다. 17세에 억대 부자가 된 멧 세토가 100가지의 성공적인 주식투자 비법을 소개한다. 신선하고 반짝이는 그의 투자전략은 초보자들도 쉽게 이해할 수 있다.

증시테마 알아야 주식투자 성공한다

안창희 지음
신국판/9,800원

이 책은 주식투자자들이 어떤 상황에서 어떤 종목을 사고 팔아야 수익을 올릴 수 있는지 그 구체적인 방법을 제시하고 있다. 더불어 투자이론이 실제로 어떻게 적용되고, 앞으로 전개될 상황에서는 어떻게 대응해야 할지 분석했다.

주식@살 때와 팔 때

한국경제신문 증권부 지음
신국판/ 값 9,000원

증권투자는 사는 기술이 아니라 파는 예술이다. 기관투자가를 두려워할 필요는 없다. 한두번의 실패는 최후의 성공을 위한 수업료일 뿐. 한국경제신문 증권부가 개인투자가들을 지원하기 위해 펴낸 이 책을 통해 확실한 주식투자 성공의 길을 찾아보자. 10만 독자가 읽은 초대형 베스트셀러!

선물 옵션을 알아야 주식투자 성공한다

김용 지음
신국판/9,000원

이 책은 실제 매매에서 많이 부딪히는 상황에 대한 지표 분석과 선물, 옵션 투자의 기본원칙, 투자전략, 실전연습, 과거시장의 움직임을 차트화해 실어 초보자들이 실제 파생금융상품 시장에서 이루어지는 매매거래에 도움을 줄 수 있도록 했다.

시스템 트레이딩 가이드

정영근, 신흥증권 사이버전략부 지음
변형 4×6배판/15,000원(CD포함)

시스템 트레이딩은 주어진 가격과 거래량을 다양하게 조합함으로써 독창적인 사용자지표와 거래시스템을 이용, 거래하는 과학적 투자기법이다. 이 책은 컴퓨터가 최적의 매매 타이밍을 잡아주고 시장의 위험을 알려주는 시스템 트레이딩의 방법과 요령에 대한 모든 것이 실려 있다.

만화로 배우는
선물시장 흐름 읽는 법

현대선물 지음
신국판/7,500원

이제 선물을 모르고는 주식, 채권 등 투자를 제대로 할 수 없다. 그동안 어렵게만 느껴졌던 선물거래를 이해하기 쉽도록 만화로 꾸몄다. 선물거래의 기본개념에서부터 선물거래의 실전투자까지 재미있는 스토리를 곁들여 설명했다.

알면 대박 모르면 쪽박
–〈나홀로 증권투자〉 최신 종합편

박현철 글, 그림
신국판/8,000원

바둑에서도 수백 가지의 정석을 알고 있으면 승리할 수 있듯이 주식 투자에서도 기본 정석으로 무장한다면 어느 상황에서건 자신 있게 대처할 수 있다. 기본을 모르고서는 주식투자는 절대 금물! 이 책에서 그 기본을 확실히 다질 수 있다.

알기 쉽게 풀어쓴
새노동법 해설(전면개정판)

윤욱현 지음
신국판/19,000원

2001년 7월까지 새롭게 개정된 노동법의 모든 것을 알기 쉽게 정리한 책. 현장에서 체험한 노사간의 문제점들을 살펴보고 개정 노동법 전반을 알기 쉽게 해설했다. 해당 법의 예시, 판례, 행정해석을 풍부히 실어 이해를 돕는다.

실전 부동산경매

전철 지음
신국판/값 12,000원

등기부 읽는 법에서부터 물건 고르는 법 등 부동산 경매에 관한 전반적인 원리를 단 하루면 마스터할 수 있도록 알기 쉽게 설명했다. 특히 실전사례별 경매방법을 체계적으로 정리한 것이 특징이며, 경매 정보의 수집에서부터 법령 해설, 등기소 현황 같은 상세한 사항까지 두루 망라했다.

나는 부동산 리모델링으로
3억 벌었다

최문섭, 주택저널 지음
신국판/12,000원

부동산시장에서 새롭게 떠오르고 있는 리모델링에 대한 모든 것을 정리한 가이드북. 부동산 리모델링에 대한 개념부터 절차, 수익성 분석, 투자방법에 이르기까지 체계적으로 정리하여 부동산 리모델링을 통해 돈을 벌고자 하는 이들에게 완벽한 길잡이가 될 것이다.

골프란 무엇인가

김홍구 지음
양장/11,000원

세계에서 가장 쉽고 재미있는 골프책을 목표로 연애소설을 쓰듯이 재미있게 쓴 책이다. 80대 초반 굳히기, 70대 진입하기 등 현 수준에서의 구체적 도약 방법이 설명된다. 완결편은 통계나 속성 차원에서 접근한 상당한 수준의 골프 분석이다. 입문자와 프로골퍼 모두 재미있게 읽을 수 있다.

통쾌한 경제학

김덕수 지음/신경무 그림
신국판/값 9,000원

「한국적 경제학」의 새로운 지평을 연다는 목표로 우리 주변의 익숙한 사례를 찾아 숨겨진 경제원리를 쉽고 재미있게 풀어쓴 경제 이야기. 각종 도표는 물론 재미있는 유머와 경제상식, 그리고 조선일보 신경무 시사만화가의 삽화까지 곁들여 쉽고 재미있게 읽을 수 있다.

누가 경영을 말하는가

존 미클스웨이트, 에이드리언 울드리지 지음/ 박병우 옮김/양장/15,000원

때론 변덕스럽고 모순되기도 한 경영학 권위자들의 이론들. 〈이코노미스트〉 편집인인 두 저자는 혼란스러운 현대 경영이론을 철저히 분류해 그들 말 속의 핵심을 다시 정리했다. 누구나 이해하기 쉽도록 평이한 언어로 맹목적인 경영이론 추종의 위험성을 경고한다.

B2B

아서 스컬리, 윌리엄 우즈 지음/ 안경태 옮김/양장/ 12,000원

인터넷이 발달하면서 B2B 또한 기업의 모든 것을 바꾸며 나날이 시장을 넓히고 있다. 이 책에서는 기존의 성공적인 B2B 익스체인지로부터 끌어낸 사례를 통해 B2B의 정의와 성공모델을 살펴보고 있다. 앞으로의 기업모델을 송두리째 바꿀 B2B전략의 완벽 교본.

당신이 꿈꾸는 인터넷세상
월드와이드웹

팀 버너스리 지음/우종근 옮김
신국판/9,500원

현대생활의 양상을 극적으로 바꾸어놓은 월드와이드웹(www). 이 책은 창시자인 팀 버너스리가 웹이 만들어지기까지의 과정에 얽힌 이야기들을 최초로 공개한 책이다. 웹이 지닌 잠재적인 가능성 및 혁명적인 미래상 등 네티즌이라면 반드시 읽어봐야 할 필독서!

카리스마 VS 카리스마
이병철 · 정주영

홍하상 지음
신국판/9,000원

이 책은 한국 재계의 큰 별이라는 화려한 조명 뒤에 숨겨진 이병철과 정주영 두 거인의 진솔한 이야기를 담고 있다. 정주영의 할 수 있다는 도전 정신, 이병철의 치밀하고 꼼꼼한 분석과 판단력은 오늘의 우리에게 교훈과 용기를 고취시켜 준다.

아젠다
─기업혁신을 위한 21세기 행동강령

마이클 해머 지음/최준명 감역/ 김이숙 옮김/신국판/15,000원

'리엔지니어링'의 창시자, 마이클 해머가 제안하는 기업 생존의 새로운 길! 최고의 기업들이 급변하는 경영환경에서 살아남기 위한 방법의 기초가 되는 아홉 가지 비즈니스 개념을 조명한다. 미래의 기업 변화상을 꿰뚫어보려는 비즈니스맨들의 필독서.